Ihr Hobby

Riesenschlangen

Hermann & Erika Stöckl

Bolivianische Variante von *Boa c. amarali.*

Konzept der Reihe „Ihr Hobby…", Herstellung / Gestaltung: bede-Verlag / Thomas Pfeffer

Bildnachweis: Alle Bilder H.+E. Stöckl, solange nicht anders vermerkt

ISBN: 3-89860-104-8
bede-Bestellnummer: HO 426

Inhaltsverzeichnis

Einleitung

Im September 2003 veröffentlichte der bede-Verlag das „Handbuch Riesenschlangen". Dieses Werk aus unserer Feder ist die wohl ausführlichste Anleitung für die Haltung und Pflege von Riesenschlangen, die bisher in deutscher Sprache erschien.
Da sich aber nicht jeder Liebhaber von Boas und Pythons ein Buch für 29,80 Euro leisten kann oder will, hat sich der bede-Verlag entschlossen, eine „abgespeckte" und neu überarbeitete Version unseres „Handbuch Riesenschlangen" zu drucken.
In diesem Buch, das nun vor Ihnen liegt, haben wir uns bemüht, grundsätzliches Wissen über die Haltung und Pflege von Boas und Pythons zu vermitteln, ohne so weit ins Detail zu gehen wie wir es im „Handbuch Riesenschlangen" getan haben.
In prägnanter Form bietet „Ihr Hobby – Riesenschlangen" alle Informationen, die Sie benötigen, wenn Sie sich ein solches Tier zulegen oder einfach nur mehr über Boas und Pythons erfahren wollen.
Wie schon im „Handbuch Riesenschlangen" haben wir auch in diesem Werk die Gelegenheit genutzt, als Ergänzung zu den „Sachfotos" eine Bilddokumentation darüber zu veröffentlichen, wie unterschiedlich *Boa constrictor* derselben Unterart in den verschiedenen Verbreitungsgebieten aussehen.
Das Bildmaterial ist fast komplett neu. Somit dürfte sich die Ausgabe für den Erwerb dieses Buchs auch für jene lohnen, die das „Handbuch Riesenschlangen" bereits besitzen. Wir wünschen Ihnen viel Freude beim Lesen!

Kopfstudie einer Surinam-Rotschwanzboa, *Boa c. constrictor.*

Foto: Maik Aschemann

Was vor dem Erwerb einer Riesenschlange bedacht werden sollte

Kopfstudie einer Crawl Cay Belize-Boa, *Boa c. imperator*

Diese Tiere unterscheiden sich in Kopfform, Körperbau, Zeichnung und Färbung so grundlegend von anderen *Boa c. imperator*, dass unseres Erachtens die Einstufung als eigene Unterart durchaus gerechtfertigt wäre.

Da wäre zunächst, dass Boas und Pythons bei guter Pflege ein Alter von 20 Jahren und mehr erreichen können und der häufige Wechsel des Standorts (sprich: des Besitzers) ihrer Gesundheit nicht zuträglich ist. Ihre Kaufentscheidung sollte also – wenn irgend möglich – ein ganzes Schlangenleben lang Bestand haben.

Vor Erwerb einer Boa oder eines Pythons ist es auch nicht verkehrt, einen Blick auf die Haltungskosten zu werfen. Zusätzlich zum Anschaffungspreis des Tieres fallen noch zwischen 300 und 500 Euro je nach Größe für ein gut ausgestattetes Terrarium an. In Betracht ziehen sollten Sie auch, dass Leuchtstoffröhren und Keramik Heizstrahler nicht ewig halten und die Stadtwerke (unverschämt wie sie sind) für den Strom zur Beheizung und Beleuchtung des Terrariums auch noch Geld wollen.

Die Futterkosten schlagen, je nach Häufigkeit der Fütterung und Einkaufspreis der Futtertiere, mit monatlich zwischen 5 und 15 Euro zu Buche.

Für die Terrarieneinstreu fallen weitere laufende Kosten an, es sei denn, Sie verwenden Zeitungspapier (dazu später mehr). Auch gelegentliche Tierarztkosten sollten Sie in Ihre Kalkulation mit einbeziehen.

So, nun haben wir dem schnöden Mammon genug Raum gewidmet, wenden wir uns anderen Aspekten der Riesenschlangenhaltung zu:

Nicht wenige Menschen werden schon beim Aussprechen des Worts „Schlange“ kreidebleich und bekommen feuchte Hände. Für so jemanden werden Sie als stolzer Besitzer einer Boa oder eines Pythons als (Lebensabschnitts-) Partner nicht infrage kommen. Auch daran sollten Sie ein paar Gedanken verschwenden.

Zudem liegt es auf der Hand, dass die alte Dame von nebenan die Urlaubspflege von Hund Bello oder Katze Maunzi lieber übernimmt als die von Fauchi, dem Netzpython. Und eine Urlaubsvertretung brauchen Sie, denn das Trink- und Badewasser im Terrarium muss täglich gewechselt werden.

Ohne die Zustimmung der mit Ihnen im Haushalt lebenden Angehörigen sowie des Vermieters (falls Sie in Miete wohnen) und idealerweise auch der Nachbarn ist die

Schlangenhaltung von vornherein schon mit einer Hypothek belastet, die Ihnen womöglich über kurz oder lang die Freude am Hobby vergällt. Deshalb sollten Sie vorher klare Verhältnisse geschaffen haben.

Ein wichtiger Punkt ist auch die Fütterung: Riesenschlangen ernähren sich ausschließlich vom Fleisch ihrer Beutetiere. Auf dem Speiseplan von Boas und Pythons stehen hauptsächlich Mäuse, Ratten, Meerschweinchen und Kaninchen. Fast alle gut eingewöhnten Riesenschlangen nehmen Frostfutter (das man vom Fachhandel beziehen kann) in aufgetautem Zustand an.

Die südliche Madagaskarboa, *Acrantophis dumerili* bleibt wesentlich kleiner als ihre nördliche Verwandte, *Acrantophis madagascarensis*. Beide Unterarten gelten als unmittelbar vom Aussterben bedroht. Daher sind sie streng geschützt und kennzeichnungspflichtig. Diese Kennzeichnungspflicht, die durch einen Transponder (im Volksmund „Chip" genannt) oder durch Fotodokumentation vollzogen wird, hat vielen Züchtern die Freude an der Weiterzucht dieser Tiere verleidet.

Es gibt jedoch auch einige hartnäckige Verweigerer, die nur lebende Beutetiere verschlingen. Deshalb sollten Sie vor dem Erwerb einer Riesenschlange prüfen, ob Sie in der Lage sind, ein possierliches Nagetier dem Tod zu überantworten. Auf die näheren Umstände, wie das Futtertier von der Schlange erwürgt wird, wollen wir später noch eingehen. Hier nur so viel: Es ist kein schöner Anblick und für den Nager kein Sekundentod.

Im Interesse des Futtertiers sollten Sie in der Lage sein, es human und schnell zu töten, bevor Sie es der Schlange zum Fraß vorwerfen. Sie ersparen dem Nager damit einen qualvollen Tod. Eine tote Maus oder ebensolche Ratte ist nicht unbedingt ein ästhetischer Anblick. Für den Schlangenpfleger lässt es sich jedoch nicht vermeiden, den verstorbenen Nager zu handhaben. Wer sich nicht sicher ist, ob er seinen Ekel überwinden kann, aber trotzdem gerne ein Reptil sein Eigen nennen möchte, der sollte besser eine Pflanzen fressende Echse erwerben.

Natürlich wollen wir Ihnen mit diesen Hinweisen die Haltung von Riesenschlangen nicht ausreden. Deshalb sei abschließend versichert, dass man sich an die Fütterung sehr schnell gewöhnt und nach einiger Zeit keinen Gedanken mehr daran verschwendet.

Der Erwerb einer Riesenschlange

Tja, jetzt fehlt nur noch die Schlange. Woher nehmen? Im Prospekt vom Aldi war keine drin und der nächste Zooladen mit Reptilien ist 80 km entfernt. Aber in Hinterfirmiansreuth ist kommendes Wochenende eine Schlangenbörse, da wird sicherlich etwas Passendes zu finden sein. Richtig? – Falsch!

Schlangenbörsen

(Oder: Wo Sie ein Tier besser nicht kaufen.) Während der „Hochsaison" (die mittlerweile schon im März beginnt und bis November dauert) findet in Deutschland und den benachbarten Ländern jeden Samstag oder Sonntag in irgendeinem anderen Kaff eine Reptilienbörse statt. Diese haben sich in den letzten zehn Jahren mit der Geschwindigkeit einer ansteckenden Seuche ausgebreitet und wirken auch wie eine auf die Tiere, die dort zum Verkauf angeboten werden.

Ein großer Teil der Beschicker sind (un-)professionelle Händler, die von Reptilienbörse zu Reptilienbörse tingeln und die Tiere zwischen zwei Veranstaltungen oftmals nicht einmal aus ihren Tupperschüsseln, in denen diese zusammengerollt gerade noch Platz haben, auspacken. Wir haben schon oftmals von unseren Schlangenfreunden gehört, dass Tiere, die sie auf einer Börse erworben haben, schon nach kurzer Zeit krank wurden und verendet sind. Woher kommt das?

Anstarren ist im Tierreich ein aggressiver Akt. Die Reaktion darauf ist entweder Angriff oder Flucht. Beides ist der Boa in dem kleinen Behälter nicht möglich, wenn sie von neun Uhr morgens bis drei Uhr nachmittags permanent von den neugierigen Augen hunderter Besucher begutachtet wird. Da sie sich nicht einmal verkriechen kann, weil dies ja eine Ausstellung ist und kein Versteckspiel, steht das Tier permanent unter Stress.

Von den ungünstigen Temperatur- und anderen Verhältnissen auf der Börse, sowie der An- und Rückfahrt wollen wir hier gar nicht reden. Teilweise werden die ersten Deals schon auf dem Parkplatz vor dem Veranstaltungsort abgewickelt. Keiner schert sich darum, dass hierzulande im März vielleicht nicht die richtigen Temperaturen herrschen, um eine tropische Riesenschlange im Freien gründlich zu begutachten. Kommt ein Kaufinteressent, wird das Tier auf Wunsch auch aus dem Behältnis genommen.

Bei einer gut besuchten Börse kann dies schon ein knappes Dutzend Mal geschehen und oft wird die arme Kreatur noch mehrmals sondiert, um dem potentiellen Käufer das Geschlecht zu beweisen. Wie wir auch erfahren haben, muss die Herrentoilette schon mal als Ort herhalten, an dem die

Die so genannten Corn Islands liegen 70 km vor der Küste von Bluefields/Nicaragua. Sie bestehen aus zwei Inseln: Der Isla del Maíz Grande (ungefähr 6 km² groß) und der Isla del Maíz Pequena (ungefähr 1,5 km² groß). Die Entfernung zwischen beiden Inseln beträgt etwa 18 km. Die *Boa c. imperator*, die auf diesen Inseln leben, werden bei normaler Fütterung circa 150 cm lang und haben einen sehr kompakten Körperbau.

Costa Rica ist eines der schönsten und sichersten Länder in Mittelamerika. Einen Urlaub dort können wir nur empfehlen. Und mit ein bisschen Glück begegnet Ihnen auf einem Trip durch den Regenwald mit einem kundigen Führer eine *Boa c. imperator* wie sie hier abgebildet ist. Die Eltern dieses Tiers stammen aus dem Reptilienzoo Grecia/Costa Rica.

Länge des feilgebotenen Tigerpythons nachgemessen wird.
Dieser Dauerstress beeinträchtigt das Immunsystem. Krankheitserreger, die in jeder Schlange zu jeder Zeit vorhanden sind und durch das Immunsystem bisher kurz gehalten wurden, können sich nun ungestört vermehren. Folge: Die Schlange wird krank.

Handelt es sich bei dem Reptil dann noch um einen „Börsentouristen“, der sämtliche Sporthallen und Wirtshaushinterzimmer in Deutschland (wo die Börsen üblicherweise stattfinden) schon einmal von innen gesehen hat, dann können Sie sich zu dem Kauf nur „gratulieren“. Mit diesem Tier werden Sie wahrscheinlich nicht glücklich.

Die in Ecuador östlich der Anden vorkommenden *Boa c. constrictor* sind, was das Aussehen betrifft, mit jenen aus Peru identisch. Westlich der Anden befinden wir uns im Verbreitungsgebiet von *Boa c. imperator*. Hier haben wir eine Kaiserboa aus Ecuador mit einer sehr ungewöhnlichen Sattelfleckenzeichnung abgebildet.

Züchter

Die agilsten und gesündesten Riesenschlangenbabys sind – weil kaum gestresst – direkt beim spezialisierten Zoohändler oder beim Züchter zu finden. Dort bleiben die kleinen Würmer nach ihrer Geburt so lange im gewohnten Terrarium, bis ein lieber Mensch kommt, der sie kauft und ihnen (hoffentlich) einen Platz fürs Leben bietet.

> Kein Börsenstress, kurzer Zwischenaufenthalt in einer Zoohandlung, sondern Wohlfühlen in den „eigenen vier Wänden" bis zum Tag des Verkaufs. Das ist das Geheimnis für den Erwerb von Schlangen, die nur Freude bereiten!

Natürlich gibt es auch bei Züchtern solche und andere. Wir haben bei einzelnen Hobbyzüchtern schon Terrarienanlagen gesehen, gegen die ein Schweinestall aussah wie der Tempel Aphrodites. In solch einem Fall sollten Sie dasselbe tun wie wir, nämlich mit betretenen Gesichtern – ohne Schlange – wieder heimfahren.
Aber das sind Ausnahmen. In der Regel sorgen sich Privatzüchter sehr um ihre Tiere. Die Terrarienanlage ist meist der sauberste Platz im ganzen Haus.
Wenn Sie sich für eine bestimmte Art oder Unterart der Riesenschlangen interessieren, dann ist es immer das Beste, den entsprechend spezialisierten Händler oder Züchter aufzusuchen. Auf diese Weise kön-

Auf diesem Bild ist sehr schön zu erkennen, dass es auch Surinam-Rotschwanzboas gibt, deren Sattelflecken eher sanduhr- als fledermausförmig sind. Bei dem abgebildeten Tier handelt es sich um einen Wildfang aus der Gegend von Pokigron/Surinam.

nen Sie die Elterntiere zu Gesicht bekommen und erhalten einen Eindruck davon, wie sich die kleinen Würmer wahrscheinlich entwickeln werden. Auch erhalten Sie einen Einblick ins Fachwissen des Züchters. Dies ist ein wichtiger Punkt, denn schließlich wollen Sie ja rundum gut beraten werden, falls nach dem Erwerb der Schlangen mal Probleme auftauchen oder es Fragen zur Haltung gibt. Einen guten Züchter erkennen Sie übrigens auch daran, dass er immer noch freundlich bleibt, obwohl der Kunde seit zwei Wochen täglich anruft und jedes Mal etwas anderes wissen will.

Nachzuchten von Riesenschlangen telefonisch zu ordern und sie sich schicken zu lassen ist nur ratsam, wenn es sich um einen wirklich sehr renommierten Züchter handelt oder Sie bereits einmal dort Tiere erworben haben und die Verhältnisse kennen.

Welche Schlange ist für mich am besten geeignet?

Bevor wir uns auf eine Auswahl der „gängigsten" Boas und Pythons stürzen und sie auf ihre „Stärken und Schwächen" (wir sagen das einfach mal so) untersuchen, wollen wir uns noch der Problematik der Wildfänge widmen.

Nachzuchten vs. Wildfänge

Wir haben vorher über die negativen Auswirkungen eines Ortswechsels auf Riesenschlangen gesprochen. Dabei war die Rede von Nachzuchten. Noch viel dramatischer ist diese Problematik bei Wildfängen. Sie sind in Freiheit geboren, an das Leben in der Natur und die in ihrem Verbreitungsgebiet herrschenden klimatischen Bedingungen angepasst und fühlen sich dabei wohl. Irgendwann in ihrem Leben hatten sie das Pech, einem Tierfänger über den Weg zu kriechen, der ihrem schönen Leben in Freiheit ein Ende bereitet. Doch bis zum Einzug in ein Terrarium in Deutschland oder anderswo ist es noch ein weiter Weg, bei dem leider einige der Tiere auf der Strecke bleiben. Der Schlangenfänger macht sich nicht die Mühe, die gefangenen Tiere zu pflegen. Sie sind für ihn eine Ware, die so lange aufbewahrt wird, bis der Händler sie entgegennimmt. Bis es so weit ist, wird das gefangene Reptil meist mit einer Vielzahl von Art- (Leidens-)Genossen auf engstem Raum und unter widrigsten Bedingungen untergebracht.

Schon das Fangen macht manchen dieser armen Geschöpfe den Garaus. Jene Einheimischen, die sich auf diese Weise ihren Lebensunterhalt verdienen, sind nämlich nicht zimperlich. Da wird das Reptil mittels einer Schlinge, die sich hinter dem Kopf oder am Schwanz zuzieht, gefangen und an einen Ast gebunden, bis der Tierfänger seine Tour beendet hat (und das kann manchmal mehrere Tage dauern). Lebt die Boa oder der Python dann noch, wird sie oder er auf dem Rückweg eingesammelt.

Durch diesen Stress werden jetzt schon die ersten Tiere krank und stecken andere an. Hygiene ist ein Fremdwort. Das sieht dann so aus, dass eine Schlange durch den Kothaufen kriechen muss, den die andere hinterlassen hat. Innere Parasiten, mit denen die Boas oder Pythons in der Freiheit dank ihres normal funktionierenden Immunsystems gut zurecht kamen, können sich nun ungehemmt vermehren und den Tieren dann erheblich zusetzen.

Vom Händler im Herkunftsland gehen die Schlangen – besser gesagt der noch lebende

Rest davon – meist zu einem Großhändler im Bestimmungsland. Die nächste Station ist dann das Zoogeschäft, bevor die armen Geschöpfe schließlich nach langen Monaten beim „Endverbraucher" landen, bei dem viele der übrig gebliebenen Exemplare später verenden.

Die Kehrseite der Medaille ist, dass auch in den Herkunftsländern die Lebensräume der Riesenschlangen durch die Ausbeutung des Regenwalds und der Savannen immer mehr zerstört werden. Exemplare streng geschützter Arten, die unmittelbar vom Aussterben bedroht sind, landen oft im Kochtopf der Einheimischen oder werden einfach nur getötet, weil man sich vor ihnen fürchtet.

Unter diesen Gesichtspunkten ist die Ausfuhr zur Arterhaltung moralisch sicherlich zu vertreten. Wildfänge sollten aber nur sehr erfahrenen Schlangenhaltern vorbehalten bleiben, die auf „frisches Blut" und reinrassige Tiere für ihre Zuchtprojekte angewiesen sind. Nur dieser Personenkreis verfügt über das Fachwissen, solche Schlangen (eventuell) am Leben zu erhalten und wieder in einen vernünftigen Zustand bringen zu können, damit sie sich vermehren.

Farmnachzuchten

In den meisten Ländern, in denen Riesenschlangen beheimatet sind, gibt es mittlerweile so genannte Zuchtfarmen. Dort werden – unter mehr oder weniger strenger staatlicher Kontrolle – Boas und Pythons für den Export gezüchtet.

Nicht selten beschränkten sich diese „Zuchtprojekte" in der Vergangenheit auf den Fang trächtiger Weibchen und (im günstigsten Fall) deren Freilassung nach der Niederkunft. Mittlerweile wurden diese Praktiken durch verschärfte Kontrollen wesentlich reduziert, aber nach unserem Kenntnisstand noch immer nicht gänzlich ausgemerzt.

Ein Tier aus einer Farmnachzucht hat – zumindest in der Theorie – zwei Vorteile:

1. In ihm findet sich die genetische Vielfalt und Reinrassigkeit eines Wildfangs.
2. Es gewöhnt sich ähnlich gut an die Terrarienhaltung wie eine hierzulande geborene Riesenschlange.

Ohne Frage ist der Erwerb solcher Tiere dem Import oder Ankauf von Wildfängen vorzuziehen. Wir haben in der Vergangenheit mehrmals Boas aus Zuchtfarmen erhalten. Die Spannbreite unserer Erfahrungen mit ihnen reicht von „übelst" bis „zufrieden stellend".

Es hängt immer davon ab, wie fachkundig und willig das Personal in der entsprechenden Einrichtung ist. Eines sollten Sie jedoch nicht vergessen: Die Schlangen haben einen weiten Weg über mehrere Stationen hinter sich, bis sie schließlich an ihrem Ziel ankommen.

An jedem Aufenthaltsort ihres bisherigen Lebens wurden sie mehr als Ware, denn als liebenswertes Mitgeschöpf behandelt. Das macht sich natürlich am Allgemeinzustand bemerkbar. Deshalb erfordern die ersten paar Monate nach der Ankunft im Einfuhrland immer einen erfahrenen Schlangenhalter für die Pflege.

Wir wollen nun versuchen, ihnen die Vor- und Nachteile der „gängigsten" Riesenschlangen aufzuzeigen. Damit hoffen wir, Ihnen eine Entscheidungsgrundlage für den Erwerb eines solchen Tieres zu geben.

RIESENschlangen

Python m. bivittatus, der Dunkle Tigerpython ist eine sehr robuste Schlange, die gut ans Futter geht und häufig sehr zahm wird. Der Nachteil dieser Schlangen ist die enorme Länge, die sie erreichen können. 4 bis 5 m innerhalb von sechs bis sieben Jahren sind für Weibchen kein Problem.

Ohne lange um den Brei herumzureden, raten wir gleich zu Anfang von folgenden Arten ab:

Netzpython *(P. reticulatus),*
Dunkler Tigerpython *(P. molurus bivittatus),*
Grüne Anakonda *(Eunectes murinus)* und
Felsenpython *(P. sebae).*

Warum? Ganz einfach: Diese Kameraden haben eines gemeinsam: Sie machen ihrer Bezeichnung „Riesenschlangen" alle Ehre, sie werden nämlich riesengroß!
Sollten Sie wirklich einen dieser Kandidaten erwerben wollen, so müssen Sie sich darüber im Klaren sein, dass Ihr künftiges Haustier eine Länge von 4 m oder mehr erreichen kann und vermutlich auch erreicht. Daraus folgt wiederum, dass das Terrarium mindestens die Abmessungen eines kleinen Kinderzimmers haben muss.

Die zoologischen Gärten sind voll von ausgesetzten oder von ihren Besitzern händeringend an den Mann gebrachten Vertretern der vorgenannten Arten. Vor allem deshalb, weil sich der Käufer beim Erwerb eines nur 200 g schweren und 40 cm langen Schlangenbabys einfach nicht vorstellen wollte, dass daraus innerhalb weniger Jahre ein Koloss von 90 kg Körpermasse wird.
Hinzu kommt, dass sich die Verkäufer in den Zoohandlungen hinsichtlich der späteren Größe der Tiere nicht immer an der Realität orientieren, wenn sie ihre Kunden beraten. Dies ist einer der Gründe, warum so viele Tigerpythons über den Ladentisch gehen, obwohl jeder halbwegs vernünftige Mensch angesichts des zu erwartenden Wachstums dieser Schlangen vom Kauf Abstand nehmen müsste.

Obwohl häufig in Zoohandlungen und auf Reptilienbörsen verkauft, ist der Netzpython, *Python reticulatus*, aufgrund seiner erreichbaren Größe keine geeignete Riesenschlange für die private Haltung.

In den Mägen von Anakondas wurden schon Wasserschweine, in jenen von Felsenpythons Antilopen gefunden und ein Bekannter von uns verfütterte Lämmer an seinen Netzpython, bevor er ihn an das „Haus der Natur" in Salzburg abgab, weil er zu groß geworden war. Unser Bekannter hatte Glück, denn für ein solches Tier dann im Falle eines Falles einen guten Platz zu finden ist fast unmöglich, denn auch die Zoologischen Gärten winken mittlerweile dankend ab.

Wenn Sie Kinder haben, dann sollten Sie die Haltung der hier genannten Arten auf gar keinen Fall in Erwägung ziehen. Kinder sind – wie wir alle wissen – unberechenbar, neugierig und leichtsinnig. Ein Zwischenfall mit einem großen Tiger- oder Netzpython kann noch einigermaßen glimpflich verlaufen, wenn ein Erwachsener betroffen ist. Für ein Kind jedoch – und da gibt es nichts zu beschönigen – besteht eine ernste Gefahr für Leib und Leben!

Aber noch ein paar Sätze für jene, die wirklich in der Lage sind, solche gefährlichen Riesen artgerecht zu halten und bis an ihr Lebensende zu pflegen, hier die Vorteile: Alle wirklich großen Riesenschlangen zeichnen sich durch ihre robuste Konstitution und Gesundheit aus. Der Netzpython

gehört zudem zu den schönsten Riesenschlangen überhaupt.
Bevor wir die RIESENschlangen verlassen, möchten wir noch gerne mit einem weit verbreiteten Vorurteil aufräumen: Die *Boa constrictor* wird nicht 4 oder 5 m lang! Wir haben bisher nur wenige Tiere gesehen, die überhaupt 3 m erreichten (wirkliche 3 m, nicht fantasievoll geschätzte).
Die Angabe der Maximallänge bei *Boa constrictor* von mehr als 5,5 m, veröffentlicht 1963 in „Snakes in Fact and Fiction" von James Oliver, beruhte auf einer Verwechslung mit einer Anakonda.
Leider ist die Mär von der riesengroßen *Boa constrictor* genauso schwer auszurotten wie jene, dass der Spinat viel Eisen enthält. Aber wir wollen jetzt den Mund nicht zu voll nehmen, denn wir sind früher selbst darauf hereingefallen.

Königs- oder Ballpython (*Python regius*)

Diese Riesenschlange gehört zu den am häufigsten in Deutschland gehaltenen Arten. Der Königspython wird nicht besonders groß (ca. 1,5 m lang) und zeichnet sich in der Regel (aber nicht immer!) durch ein fügsames Temperament aus. Außerdem handelt es sich um eine Schlange von robuster Gesundheit. Dies trifft aber nur zu, wenn Sie das Glück haben, eine der wenigen Nachzuchten, die hierzulande angeboten werden, zu erwerben. Bei dem weitaus größten Teil der in Deutschland auf dem Markt befindlichen Ballpythons handelt es sich nämlich um Wildfänge. Über deren Gesundheitszustand wurde ja bereits ausführlich referiert.
Aber auch gesunde und gut eingewöhnte Tiere können zart besaitete Schlangenhalter zur Verzweiflung bringen. Manche Königspythons lieben es, Fresspausen von einem halben Jahr und mehr einzulegen (der Rekord liegt bei 22 Monaten in einem englischen Zoo) und sich als ausgesprochene Futterspezialisten zu erweisen (Renn- und Springmäuse der Gattung *Gerbillus*). Mit solchen Zicken hat der Ballpython schon so manchem Terrarianer sein Hobby vergällt. Nicht ohne ein Quäntchen Schadenfreude weisen wir deshalb *Python regius*-geschädigte Ratsuchende, die bei uns anrufen, gerne darauf hin, dass der Königspython die gerechte Strafe für jemanden ist, der sich einen Königspython kauft.
Nein, Spaß beiseite, ganz so schlimm ist es nun auch wieder nicht. Der Köpy ist eine sehr hübsche Schlange – wenn man mit seinen Eigenheiten zurechtkommt, macht er seinem Besitzer durch sein unternehmungslustiges Verhalten viel Freude.

Im Süden Brasiliens sowie in Bolivien, Paraguay und Nordargentinien kommt die Gelbe Anakonda *Eunectes notaeus* vor. Obwohl sie kleiner bleibt als ihre große Schwester *Eunectes murinus* ist sie aufgrund ihres Temperaments und der erreichbaren Länge von 4 m als Terrarienschlange ungeeignet.

Die in der Terraristik verfügbaren Königspythons sind fast ohne Ausnahme Wildfänge, die in gesundheitlich schwer angeschlagenem Zustand nach Deutschland und anderswohin kommen. Es ist daher kein Wunder, dass ein Großteil dieser armen Geschöpfe beim neuen Besitzer schon nach kurzer Zeit verendet. Bei Gefahr rollt sich der Königspython – wie auf diesem Bild schön zu sehen ist – zu einem Knäuel mit dem Kopf in der Mitte zusammen. Deshalb wird er auch „Ballpython" genannt.

Foto: Sharon Leitner

Regenbogenboa (*Epicrates cenchria*)

Von den Regenbogenboas gibt es insgesamt neun Unterarten. In Deutschland werden hauptsächlich die „normale" Regenbogenboa (*E. cenchria maurus*) und die Rote Regenbogenboa (*E. c. cenchria*) gehalten. Während erstere mit ihrer bräunlichen Färbung und der nur andeutungsweise sichtbaren Zeichnung eher unscheinbar wirkt (um es höflich zu formulieren), handelt es sich bei der Roten Regenbogenboa um eine wahre Schönheit. Beide eignen sich durch ihre schlanke Gestalt und relativ geringe Länge (bis circa 180 cm) auch für etwas kleinere Terrarien.

Man kann diesen Tieren auch nicht nachsagen, dass sie schlecht ans Futter gehen. Im Gegenteil, es besteht sogar die Gefahr, sie zu sehr zu mästen, weil sie – man kann es nicht anders ausdrücken – total verfressen sind. Uns ist diese Riesenschlangenart als relativ bissig bekannt. Wir wollen aber nicht verhehlen, dass andere Autoren ihnen ein friedliches Temperament nachsagen. Der schwer wiegende Nachteil dieser Würgeschlangen besteht in einer Hautkrankheit, die besonders bei Jungtieren auftritt. Das Reptil scheint in die Häutung zu kommen, häutet sich aber nicht. Im Gegenteil, die stumpf und krustig gewordene Haut platzt auf, so dass das rohe Fleisch zu sehen ist.

Nach einer neueren Theorie, über die der Autor von einem Züchter von *Epicrates cenchria* in den USA informiert wurde, soll es sich dabei um eine hormonelle Störung handeln. Andere sehen die Ursache in zu trockener oder zu feuchter Haltung, dem falschen Bodengrund, der Anwendung von Milbenbekämpfungsmitteln oder den Elsteinstrahlern. Suchen Sie sich einfach was aus ...

Abschließend sei jedoch auch gesagt, dass es genügend Leute mit Roten Regenbogenboas gibt, die noch nie irgendwelche Probleme mit diesen Tieren hatten.

Während bei den Jungtieren der Braunen Regenbogenboa *Epicrates c. maurus* noch eine Zeichnung sichtbar ist, verblasst diese im Laufe der Jahre und macht einem einheitlichen Braun Platz. Sie kann deshalb im Aussehen mit ihrer Schwester, der Roten Regenbogenboa, nicht mithalten. Bei dieser bleibt die Zeichnung erhalten.

Foto: Thomas Eimermacher

Grüner Baumpython (*Morelia viridis*)

Neben der „Rotschwanzboa" (*Boa c. constrictor*) gehört der Grüne Baumpython zu den begehrtesten Riesenschlangen in der Terrarienhaltung. Man könnte diese beiden Arten fast als „Kultschlangen" bezeichnen, so groß ist ihre Fangemeinde.
Morelia (oder auch *Chondropython*) *viridis* ist eine Augenweide und ein Wohnzimmerterrarium mit diesem Tier als „Inhalt" die schönste Dekoration, die sich ein begeisterter Riesenschlangenhalter wünschen kann. Im Gegensatz zu den meisten anderen Würgeschlangen hat der Grüne Baumpython nämlich nicht das Bedürfnis, sich zu verstecken. Er ist immer an gut sichtbarer Stelle um einen Ast drapiert und lauert auf vorbei fliegende Vögel (die allerdings im Terrarium seltener als im Regenwald auftreten). Leider hat aber auch diese hübsche Schlange ihren „Pferdefuß". Als Bewohnerin des Regenwalds ist sie auf eine relativ hohe Luftfeuchtigkeit (mindestens 75 %) angewiesen, die natürlich das Wachstum krankheitserregender Bakterien im Terrarium begünstigt. So sind bakterielle Infektionen mit tödlichem Ausgang bei *Morelia viridis* nicht selten. Desweiteren ist aufgrund der geringen Größe der Babys eine Geschlechtsbestimmung durch Sondierung erst im jugendlichen Alter ratsam. Sie können sich also hinsichtlich des Geschlechts nie absolut sicher sein, wenn Sie Baumpythonbabys erwerben.

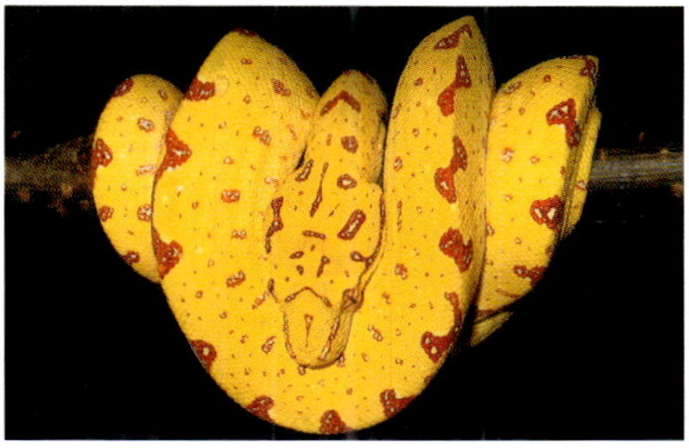

Jungtiere von *Morelia viridis* sind entweder rot, braun oder gelb gefärbt, wie das abgebildete Exemplar. Im Alter zwischen sechs und zwölf Monaten färben sich die Jungtiere um und erhalten die smaragdgrüne Färbung der Eltern. Ein adultes Tier sehen Sie auf der nächsten Seite.

Adultes Exemplar von *Morelia viridis*.

Wer das Glück hat, diese Art zu züchten, muss sich darauf gefasst machen, einen guten Teil der Jungen zwangsfüttern zu müssen, da diese häufig nicht selbst fressen. Um die Sache noch zu komplizieren, sind die neu geborenen Baumpythons so klein, dass sie nur mit Schwänzen von Babymäusen zwangsgefüttert werden können. Eine ungeschickte Bewegung mit der Pinzette beim Stopfen genügt, um dem kleinen Baumpython den Garaus zu machen.

Morelia viridis legt Eier, das sollte auch noch gesagt werden. Eierleger sind nicht jedermanns Sache. Viele Züchter (auch wir) ziehen Boas vor, da diese lebende Junge zur Welt bringen.

Hundskopfschlinger (*Corallus caninus*)

Diese ebenfalls auf Bäumen lebende Riesenschlange sieht dem Grünen Baumpython täuschend ähnlich. Der Hundskopfschlinger liegt genau wie *Morelia viridis* immer gut sichtbar um einen Ast gefaltet und hat ebenfalls eine große Fangemeinde. Berüchtigt ist der Hundskopfschlinger allerdings auch – und zwar wegen seiner extrem langen Zähne (vor denen sogar Schweißerhandschuhe nur begrenzten Schutz bieten) sowie der Maulfäule, die ihn überproportional oft heimsucht und dem Regurgitationssyndrom. Letzteres bedeutet nichts anderes, als dass das gefressene

Die Hundskopfschlinger *Corallus caninus* aus dem Verbreitungsgebiet Brasilien sind zweifellos die schönsten Vertreter ihrer Art. Man erkennt sie an der durchgehenden weißen Linie am Rücken. Berüchtigt sind die Hundskopfschlinger wegen ihrer langen Zähne und der oft nur geringen Lebenserwartung bei der Terrarienhaltung.

Beutetier nach drei bis sechs Tagen wieder ausgewürgt wird. Die Ursachen hierfür sind vielfältig und reichen von bakteriellen Infektionen des Magen-Darmtrakts bis hin zu Stress, wir werden später noch genauer darauf eingehen. Die geschilderten Probleme treten hauptsächlich bei Wildfängen auf, aber auch Nachzuchten bleiben davon nicht gänzlich verschont. Hier spielt wieder die hohe Luftfeuchtigkeit, die das Wachstum pathogener Keime im Terrarium begünstigt, eine Rolle.

Im Gegensatz zum Grünen Baumpython bringt der Hundskopfschlinger lebende Junge zur Welt. Für Schlangenfreunde, die keine „Eierleger" mögen, aber unbedingt eine grüne Schlange wollen, ist *Corallus caninus* deshalb möglicherweise die bessere Wahl.
Es sei noch erwähnt, dass sowohl Baumpython als auch Hundskopfschlinger zu jemandem, der eine „Streichelschlange" will, genauso gut passen wie ein Fahrrad zu einem Fisch.

Die Vorfahren dieser *Boa c. constrictor* stammen aus der Gegend von Belem in Brasilien. Der elfenbeinfarbige Grundton in der Färbung ist für die Belem-Tiere typisch und macht sie zu begehrten Sammlerstücken für die Boa-Liebhaber.

Nördliche Madagaskarboa (*Acrantophis madagascariensis*) und Südliche Madagaskarboa (*Acranthophis dumerili*)

Bei diesen aus (wie der Name schon sagt) Madagaskar stammenden Boas handelt es sich um relativ anspruchslose Schlangen mit sehr robuster Gesundheit. Sie sind daher auch für Neueinsteiger in der Riesenschlangenhaltung geeignet.

Ganz uneingeschränkt kann diese Empfehlung allerdings nicht ausgesprochen werden, denn manche der neu geborenen *Acrantophis dumerili* gehen schlecht ans Futter, weil sie entweder Vögel oder Artgenossen als Nahrung bevorzugen. Deshalb ist bei der Haltung von mehreren Jungtieren unterschiedlicher Größe im selben Terrarium Vorsicht angebracht. Auch neigt die Südliche Madagaskarboa im Gegensatz zu anderen Riesenschlangen dazu, fast jeden Tag Urin und Harnstein abzugeben und verschafft dem Besitzer so etwas mehr Arbeit bei der Pflege als es bei den meisten anderen Riesenschlangen der Fall wäre.

Über ihre nördliche Schwester, *Acrantophis madagascariensis*, gibt es nichts Negatives zu berichten, außer vielleicht, dass sie um ein ordentliches Stück länger und kräftiger wird als die Südliche Madagaskarboa, die im Schnitt bei etwa 2 m liegt. Schlangen von knapp 3 m Länge sind bei *A. madagascariensis* hingegen keine Seltenheit. Interessant ist auch die lange Tragezeit der Nördlichen Madagaskarboa: Sie beträgt neun Monate.

Wer Papierkram und Behördenstress hasst, der sollte auf den Erwerb von Madagaskarboas verzichten. Da sie als unmittelbar vom Aussterben bedroht gelten, wurden sie im Anhang A der EG-Verordnung Nr. 338/97 zum Washingtoner Artenschutzübereinkommen erfasst. Das bedeutet, dass sie kennzeichnungspflichtig sind.

Sollten Sie also solche Boas einmal vermehren, dann müssen sie für jedes einzelne Tier des Wurfs beim Verkauf eine CITES-Bescheinigung beantragen und ein Foto fertigen, das den Richtlinien für die Kennzeichnung entspricht. Nähere Auskünfte hierzu erteilt die Untere Naturschutzbehörde Ihres Landkreises.

Acrantophis madagascarensis ist die größte der auf Madagaskar lebenden Riesenschlangen. Aufgrund der Tatsache, dass sie vom Aussterben bedroht ist, wurde sie in den Anhang A des Washingtoner Artenschutzübereinkommens aufgenommen. Die Tragezeit dieser Schlange beträgt übrigens neun Monate.

Boa constrictor

Jetzt sind wir endlich bei unseren persönlichen Lieblingsschlangen. Es lohnt sich wirklich, ausführlich über diese Schlange zu schreiben.
Zunächst einmal ist zu sagen, dass man auch die Abgottschlangen nicht pauschal empfehlen kann. Es gibt von *Boa constrictor* etwa zehn Unterarten, von denen einige dem Neuling in der Riesenschlangenhaltung durchaus eine harte Zeit bereiten können.
Gemeint sind hier hauptsächlich die so genannten „Rotschwanzboas", also *Boa c. constrictor* aus den Verbreitungsgebieten Surinam und Guyana, um die beiden wichtigsten zu nennen. Gerade aber diese „Rotschwanzboas" gehören zusammen mit den Baumpythons zu den begehrtesten und schönsten Riesenschlangen überhaupt.

Boa c. constrictor-Babys sind dafür berüchtigt, bei der Verabreichung zu großer Futtertiere diese wieder auszuwürgen. Der Fachausdruck hierfür ist „Regurgitationssyndrom". Wir haben ihn vorher schon mal erwähnt und werden dieses Thema später noch ausführlich behandeln. Aber keine Angst: Gelingt es dem Besitzer einer Rotschwanzboa, sich hinsichtlich der Fütterung zu mäßigen, so wird er keine Probleme mit seinem Tier haben. Dies gilt um so mehr, wenn er es bei einem guten Züchter erworben hat, da Rotschwanzboas besonders empfindlich auf Stress reagieren.
Ähnliches gilt hier auch für *Boa c. occidentalis* die Argentinische Boa. Auch diese Unterart von *Boa constrictor* ist anfällig für das Regurgitationssyndrom.

Viele Boa-Fans schwärmen für die *Boa c. amarali*, eine sehr hübsche Variante, die in Bolivien und Brasilien vorkommt. Die Bolivianische Variante macht keinen Ärger. Anders sieht es jedoch bei der so genannten „Dänischen Blutlinie" von *Boa c. amarali* aus Sao Paolo/Brasilien aus. Die Vorfahren dieser Zuchtlinie wurden nach Kopenhagen exportiert und in Dänemark vielfach nachgezogen. Aufgrund der hohen Krankheitsanfälligkeit und der damit verbundenen Letalitätsrate dieser Tiere gibt es allerdings nur noch wenige Exemplare. Auch wir haben sehr schlechte Erfahrungen mit dieser Blutlinie gemacht und daher brasilianische *Boa c. amarali* von einem befreundeten Züchter aus den USA importiert. Diese erwiesen sich als völlig problemlos.

Bild rechts:
Bolivien ist die Heimat dieser weiblichen *Boa c. amarali*. Diese Unterart erreicht zwar nicht die Länge von *Boa c. constrictor*, entwickelt aber einen sehr gedrungenen und kräftigen Körperbau und wirkt daher fast ebenso eindrucksvoll.

Bild links:
Diese Surinam Rotschwanzboa wurde in der Region Pokigron aus der Natur entnommen. Tiere aus dieser Gegend haben eine besonders ansprechende Färbung und Schwanzzeichnung.

Nun kommen wir zur empfehlenswertesten Riesenschlange schlechthin:
Boa c. imperator, die Kaiserboa. Meist friedlich im Temperament, äußerst robust in der Gesundheit, in der Regel nicht allzu groß werdend und relativ leicht zu züchten, lässt sie keine Wünsche offen.
Auf die Frage, welche Riesenschlange die meiste Freude und den wenigsten Ärger macht, gibt es nur eine Antwort: *Boa c. imperator*. Die müssten Sie wirklich mit dem Hammer erschlagen, wenn Sie sich ihrer entledigen wollten.

Boa c. constrictor aus den Verbreitungsgebieten Guyana und Surinam sind wegen ihrer roten Schwänze heißbegehrte Terrarienschlangen. Leider gelingt es nicht oft, diese Tiere nachzuzüchten, weil sich die Männchen in der Regel als sehr paarungsunlustig zeigen.

Ferner bietet die Imperatorboa dem Riesenschlangenfan eine beeindruckende Vielfalt in Färbung und Zeichnung, so dass wirklich für jeden Interessenten das passende Tier dabei ist. Das gilt auch für die Größe. *Boa c. imperator*-Weibchen aus Kolumbien erreichen bei guter Fütterung 2,5 m Länge oder mehr. Sie sind daher für die Fans von Riesenschlangen mit eindrucksvoller Größe bestens geeignet. Von den Cay Caulker-Inseln vor der Küste von Belize kommen Kaiserboas, die nur etwa 1,5 m erreichen.
Wir behaupten, dass es möglich ist, sich nur auf *Boa c. imperator* aus den verschiedenen Verbreitungsgebieten zu spezialisieren und trotzdem eine bedeutende Sammlung unterschiedlich aussehender *Boa constrictor* zu erlangen. Schuld daran ist das riesige Verbreitungsgebiet dieser Unterart. In jeder Region sehen die Kaiserboas anders aus. Deshalb ist es schon aus diesem Grund eine Todsünde, *Boa c. imperator* aus verschiedenen Verbreitungsgebieten miteinander zu verpaaren, aber darauf kommen wir später noch.

> *Eine Boa c. imperator* ist ohne „Wenn und Aber“ die pflegeleichteste Riesenschlange!

Boa c. longicauda hat viele Gemeinsamkeiten mit der Imperatorboa, besonders was das ruhige Temperament und die robuste Gesundheit betrifft.
Die „Tumbesboa“, wie sie in den USA genannt wird, ist allerdings sehr selten und daher nicht ganz preisgünstig. Derjenige, der das nötige Kleingeld hat, um sich dieses Juwel leisten zu können, bekommt dafür eine der attraktivsten *Boa constrictor* über-

haupt. Mit pechschwarzen Markierungen am Kopf, die an die Kriegsbemalung eines Indianers erinnern, und exotischer Färbung in leuchtendem Gelb mit schwarzem Muster (um nur eine von mehreren Farbvarianten zu nennen), bringt sie jeden Betrachter zum Staunen. Die geäußerte Vermutung, dass seltene Unterarten wie *Boa c. longicauda* durch genetische Verarmung bedingte Schwächen aufweisen würden (BINDER 2002), können wir in keiner Weise bestätigen.

Wir haben gegenteilige Erfahrungen gemacht. Speziell diese Unterart ist in ihrer robusten Konstitution mit *Boa c. imperator* gleichzusetzen.

Seit kurzem ist auch *Boa c. sabogae* für die Terrarienhaltung verfügbar. In ihrem natürlichen Verbreitungsgebiet, den Pearl Islands und dem Taboga-Insel-Komplex vor der Küste Panamas gelten diese Schlangen bereits als so gut wie ausgestorben.

Im Jahr 2002 brachte im staatlich anerkannten Reptilienzoo El Mundo de las Serpientes in Grecia/Costa Rica ein *Boa c. sabogae*-Weibchen einen Wurf Junge zur Welt. Dies waren die ersten Pearl Island-Boas weltweit, die unter menschlicher Obhut geboren wurden.

Der Leiter des Zoos, Robert MEIDINGER, hatte Ende der 90-er Jahre von der Regierung Panamas die Genehmigung erhalten, sechs Exemplare von *Boa c. sabogae* für seinen Reptilienzoo zu fangen. Obwohl er die entsprechenden Inseln mehrmals bereiste, fand er nur noch fünf Exemplare,

Die markante Kopfzeichnung ist das Hauptmerkmal von *Boa c. longicauda*, einer *Boa constrictor*-Unterart die 1991 erstmals beschrieben wurde. Entdecker dieser Tiere sind die Amerikaner PRICE & RUSSO.

Kopfstudie einer *Boa c. sabogae*, der Pearl Island-Boa.

von denen nur drei überlebten. Mit der Nachzucht im Reptilienzoo in Costa Rica ist der Bestand dieser seltenen Tiere zwar fürs Erste gesichert, steht aber immer noch auf tönernen Füßen.
Wen der hohe Preis nicht schreckt und wer das Glück hat, Pearl Island-Boas zu erwerben, bekommt eine nicht zu groß werdende, sehr hübsche Boa, die in ihrer Robustheit *Boa c. imperator* in nichts nachsteht.
Allerdings ist beim Erwerb einer *Boa c. sabogae* größte Vorsicht geboten! Der Grund hierfür sind die so genannten „Salmon Hypos" oder „Gee Hypos". Das sind Farbmutationen, die in den USA Anfang der 90er Jahre aus der gezielten Kreuzung von *Boa constrictor* aus Panama (vermutlich waren es sogar *Boa c. sabogae*) mit *Boa constrictor* aus Kolumbien gezüchtet wurden.
Ein Teil dieser „Salmon Hypo"-Mischlinge, die sich in den USA großer Beliebtheit erfreuen, sieht nämlich den reinrassigen *Boa c. sabogae* zum Verwechseln ähnlich, was angesichts der Ahnentafel dieser „Hypos" ja auch nicht verwunderlich ist.
Da die Pearl Island-Boas aufgrund ihrer Seltenheit eine Stange Geld kosten, sollte man sehr misstrauisch sein, wenn solche Tiere angeboten werden. Es könnten nämlich auch die wesentlich preisgünstigeren „Hypos" sein, die einem in betrügerischer Absicht als reinrassige *Boa c. sabogae* untergejubelt werden.
Tatsache ist, dass die einzigen *Boa c. sabogae* weltweit, deren Ursprung aus dem Verbreitungsgebiet durch entsprechende Ausfuhrdokumente zu 100 % bewiesen ist, die eingangs erwähnten Tiere aus dem Reptilienzoo El Mundo de las Serpientes in Grecia/Costa Rica und deren Abkömmlinge sind. Bei diesen Pearl Island-Boas ist sogar der genaue Fundort bekannt.
Bei allen anderen auf dem Markt befindlichen angeblichen „Sabogae" ist die Herkunft nicht gesichert und kann auch nicht dokumentiert werden. Für den ernsthaften Züchter reinrassiger *Boa constrictor*-Unterarten sollte der Erwerb solcher Tiere gar nicht infrage kommen, weil er nie mit letzter Sicherheit wissen wird, was er da wirklich erhält.
Aufgrund der fehlenden Dokumentation dürften Nachzuchten solcher Tiere ohnehin einen wesentlich niedrigeren Verkaufserlös erzielen als Jungtiere von „nachgewiesenen" *Boa c. sabogae*. Dies nur als Hinweis für jene, bei denen die Gewinnerzielungsabsicht bei der Zucht von Riesenschlangen eine Rolle spielt.
Boa c. sabogae ist übrigens als eigene Unterart im Sinne des Washingtoner Artenschutzübereinkommens anerkannt.

Cay Caulker ist eine von den vielen kleinen Inseln entlang des Barrier Reef vor der Küste von Belize. Die *Boa c. imperator* auf Cay Caulker stellen eine natürliche anerythristische (Fehlen der Farbe Rot) Form dar. Mit einer Höchstlänge von circa 150 cm gehören sie zu den kleinsten Vertretern dieser Unterart. Derzeit werden in Europa nur vier Exemplare von dieser außergewöhnlich aussehenden *Boa constrictor* gehalten.

Das Bastardproblem

Hier wird eindrucksvoll dokumentiert, warum es eine Todsünde ist, Riesenschlangen aus verschiedenen Verbreitungsgebieten miteinander zu verpaaren, selbst wenn es sich um dieselbe Unterart handelt.
Alle drei Tiere sind *Boa c. imperator.* Die dunkle Boa stammt aus Sonora/Mexiko, die helle aus Kolumbien und das braun gefärbte Tier ist aus Costa Rica.

Es sollte das Ziel eines jeden Riesenschlangenzüchters sein, diese vom Aussterben bedrohten Tiere so zu erhalten, wie sie in der freien Natur vorkommen.
Leider wurden in der Vergangenheit Pythons und Boas fast ausnahmslos ohne Rücksicht auf ihre Unterart oder ihre geografische Verbreitung miteinander verpaart. Die Züchter taten dies teils aus Unkenntnis oder Fahrlässigkeit, oft aber auch – was noch schlimmer ist – aus Vorsatz. Diesen Leuten haben wir es zu verdanken, dass es in Deutschland kaum noch reinrassige *Boa constrictor*-Unterarten, geschweige denn Helle Tigerpython, *Python molurus molurus,* gibt. Auch bei den Diamant- und Teppichpythons ist man fleißig am mischen, ebenso bei den Baumpythons.
Es ist bereits eine arge Zuwiderhandlung gegen züchterische Prinzipien, Tiere der-

selben Unterart aus verschiedenen Verbreitungsgebieten zu verpaaren.
Beispiel gefällig? Es wird wohl in der freien Natur kaum vorkommen, dass sich eine *Boa c. imperator* aus Kolumbien mit einer ebensolchen aus El Salvador trifft, um zu poppen. Noch dazu könnten diese Boas, obwohl sie derselben Unterart , *Boa c. imperator*, zugeordnet wurden, nicht verschiedener aussehen. Das betrifft sowohl die Größen als auch Färbungen und Zeichnungen der Schlangen.
Aber in den Terrarien, da ist es möglich. Wenn das Kolumbianer-Männchen nicht paart, nehmen wir halt einen Imperatorbock aus Mexiko. Wenn das Costa Rica-Weibchen eingegangen ist, muss halt zur Mutterschaft ein Imperatorweibchen aus Ecuador herhalten.
Sind ja alles *Boa c. imperator* ...
So ist es bisher meist gelaufen (oder noch schlechter). Kaum ein Züchter hat darauf geachtet, seine Boas oder Pythons auch nach dem Gesichtspunkt der geografischen Verbreitung rein zu erhalten, und nicht nur nach Unterart.
Deshalb unser Appell an Sie: Wenn Sie Riesenschlangen züchten wollen, tun Sie das bitte mit Tieren, die jenen entsprechen, die in der freien Natur vorkommen. Sie helfen auf diese Weise mit, das Überleben dieser vom Aussterben bedrohten Arten und Varianten zu sichern.
Ein Bekannter von uns, der sich gegenüber einem aufgebrachten Züchter rechtfertigen musste, weil er dessen Mischlingsboas als genetischen Schrott bezeichnet hatte, schrieb: „Die Verantwortung des Züchters wird oftmals unterschätzt." Uns hat dieser Satz sehr gut gefallen, dem ist auch nichts hinzuzufügen.

Wie erkennt man einen Bastard?

Das ist eine Frage, die uns als Kenner und Liebhaber von *Boa constrictor* sehr häufig gestellt wird. Die Antwort darauf lautet: Im schlimmsten Fall überhaupt nicht!
Nehmen wir einmal an, ein „Züchter" würde ein *Boa c. constrictor*-Weibchen, Verbreitungsgebiet Surinam, mit einem *Boa c. imperator*-Männchen, Verbreitungsgebiet Kolumbien kreuzen. Es entstehen daraus – sagen wir mal – 20 Junge. Sie können sicher sein, liebe Leser, dass bei diesem Wurf mindestens ein Tier dabei ist, das aussieht wie Mammi, also alle äußeren Merkmale einer reinrassigen Surinam-Rotschwanzboa, *Boa c. constrictor*, aufweist und von einer solchen nicht zu unterscheiden ist. Es wird auch mindestens ein Schlangenbaby dabei sein, das viele Merkmale des Vaters geerbt hat und aussieht wie eine *Boa c. imperator* aus Kolumbien.
Werden diese Tiere später zur Zucht verwendet, dann fliegt der Schwindel allerdings auf, weil die Jungen dann ziemlich „multikulturell" aussehen.
In den Kleinanzeigen der einschlägigen Reptilienmagazine und Reptilienforen im Internet haben wir in letzter Zeit oft den Zusatz „... 100 % reinrassig" gelesen. Dass adulte Mischlingsboas kurzerhand zu Wildfängen erklärt werden, um deren Junge vermarkten zu können, ist beinahe schon gängige Praxis. In so einem Fall soll man nicht nur die Einfuhrpapiere verlangen, sondern auch mit dem Vorbesitzer der Tiere sprechen, um herauszubekommen, ob die Papiere zu den angeblichen Wildfängen passen. Die Formulierung „... 100 % reinrassig" wird mittlerweile GRUNDSÄTZLICH verwendet, weil Mischlinge kaum

Selbst Riesenschlangen derselben Unterart aus demselben Land können nicht immer miteinander verpaart werden. Die Vorfahren dieser *Boa c. imperator* wurden in Cancun/Mexiko gefangen und das dunkle Tier auf der Seite 36 stammt aus Tarahumara/Mexiko.

Was vor allem gegen Farb- und Zeichnungsmutationen spricht, ist die Tatsache, dass es sich bei diesen Abweichungen von der „Normalform" um nichts anderes handelt, als einen Defekt in den Genen der Tiere. Daher ja auch die Vererbbarkeit der abweichenden Zeichnung oder Färbung. Die Vermutung, dass sich noch weitere defekte Gene im Erbgut solcher Tiere befinden, ist nicht von der Hand zu weisen. Im Bild ein so genannter Albino-Königspython.

mehr abzusetzen sind und reinrassige Tiere für wesentlich mehr Geld verkauft werden können. Diese „Reinrassigkeitsbehauptung" hält einer gründlichen Überprüfung jedoch fast nie Stand.
Oft ist es so, dass der Besitzer einer Mischlingsboa (um beim Beispiel *Boa constrictor*

zu bleiben) im Internet nachsieht, welche reinrassige *Boa constrictor*-Unterart seiner Kreuzung am ähnlichsten sieht.
Anschließend mutiert die Mischlingsboa auf wundersame Weise zu einer reinrassigen *Boa c. amarali*, *Boa c. longicauda* oder Surinam-Rotschwanzboa (um nur einige Beispiele aus der Praxis zu nennen). Am häufigsten werden übrigens die Mischlinge als „*Boa c. constrictor*" deklariert.
Um der Behauptung noch Nachdruck zu verleihen und letzte Zweifel des Käufers zu beseitigen, erfreut sich übrigens die Legende, bei den Elterntieren handle es sich um Schmuggelware, größter Beliebtheit. Da nur wenige Boa-Liebhaber in der Lage sind, den Unterschied zwischen einer Kreuzung und einer reinrassigen *Boa constrictor*-Unterart zu erkennen, führen diese betrügerischen Methoden leider viel zu oft zum Erfolg.
Da wir gerade von Betrug sprechen: Selbst vor der Fälschung (= Urkundenfälschung) von CITES-Bescheinigungen wird nicht zurückgeschreckt, um dem ahnungslosen Käufer Mischlinge für teures Geld als reinrassige *Boa constrictor* anzudrehen. So mehrmals in Süddeutschland geschehen. Sie können sich die gefälschten CITES-Dokumente auf unserer Internetseite unter www.boa-constrictors.com/de/News/News.htm ansehen.

Als oberste Maxime gilt:

Der Stammbaum eines jeden Tiers sollte sich bis ins Herkunftsland zurückverfolgen lassen!
Nur wenn dies möglich ist, können Sie sicher sein, eine Schlange zu erwerben, die nach Unterart UND Verbreitungsgebiet reinrassig ist.
Dasselbe gilt übrigens auch für die Beurteilung der „lokalen Varianten" von *Boa c. constrictor* und *Boa c. imperator* (z. B. *Boa c. constrictor* aus Peru, Brasilien, Surinam, Trinidad oder *Boa c. imperator* aus Belize, Mexiko, Ecuador usw.). Auch hier lässt sich zweifelsfrei nur etwas sagen, wenn man Ahnenforschung betrieben hat.
Leider liegt es in der Natur des Menschen, am ehesten das zu glauben, was er gerne glauben möchte. Deshalb wird die Behauptung, es handle sich um reinrassige Nachzuchten der (zum Beispiel) Honduras-Variante von *Boa c. imperator* nur allzu gerne ungeprüft übernommen, wenn die Tiere zu einem günstigen Preis hergehen.
Seien Sie gewarnt: Da in den letzten Jahren die Nachfrage nach reinrassigen *Boa constrictor*-Unterarten immens gestiegen ist, weiß mittlerweile auch der dümmste Mischlingsboazüchter, was er den Leuten erzählen muss.

Ein Reptiliengroßhändler, dem häufig Tiere zum Kauf angeboten werden, meinte vor kurzem spöttisch, dass er den Eindruck habe, über Nacht seien plötzlich alle Mischlingsboas aus Deutschland verschwunden. Aber alle Mauscheleien in dieser Richtung funktionieren halt nur so lange, bis Sie Beweise (Einfuhrdokumente, Namen der Vorbesitzer zum Zwecke der Ahnenforschung usw.) verlangen und dann Nachforschungen anstellen.

Sollten diese Angaben verweigert werden oder sich bei der Ahnenforschung die Spur im Dunst der Zeit verlieren, muss gelten: Im Zweifelsfalle gegen den Angeklagten! Das heißt, auf den Kauf verzichten.

Angesichts all dessen gibt es nur eine Möglichkeit, um hundertprozentig sicher zu gehen: Nur aus absolut zuverlässiger Quelle Tiere erwerben.

Zum Abschluss dieses Kapitels noch ein Satz, den Sie sich immer ins Gedächtnis rufen sollten, wenn Ihnen eine *Boa constrictor* als „100 % reinrassig" angeboten wird:

Die Anzahl der wirklich reinrassigen *Boa constrictor* in Deutschland und auch Europa ist verschwindend gering.

Farb- und Zeichnungsmutationen

Die Lieblingsbeschäftigung der meisten amerikanischen Riesenschlangenhalter ist es, mit gezielten Züchtungen immer wieder neue Farb- und Zeichnungsvarianten der verschiedenen Boa- und Python-Arten zu erschaffen.

Als Handwerkszeug für solche Zwecke sind fundierte Kenntnisse der Mendelschen Vererbungslehre unerlässlich. Wir behaupten, dass manche dieser „Züchter" die Grundsätze der Vererbungslehre besser im Kopf haben als der alte Mendel zu seinen Lebzeiten selbst.

Ein Beispiel:

Man nehme eine Albino-*Boa constrictor* (Fachausdruck: amelanistisch = Fehlen der schwarzen Pigmente), verpaare sie mit einer anerythristischen/axanthischen *Boa constrictor* (Fehlen der roten und gelben Pigmente) und erhält dann Junge, die ihrerseits verpaart (rein rechnerisch) pro 16 Tiere in einem Wurf eine so genannte „Snowboa" (fast weiß) produzieren.

Solche Geschöpfe haben nichts, aber auch gar nichts mehr mit jenen Tieren gemeinsam, die in der freien Natur leben. Überhaupt ist die Wahrscheinlichkeit, dass sich zwei Tiere mit derartigen genetischen Defekten (Amelanismus, Anerythrismus und Axanthismus sind nämlich nichts anderes) in der Natur begegnen, gleich Null. Nur im Terrarium bei gezielter Zucht ist so etwas möglich.

Von Cayo de los Cochinos, einer Insel vor der Küste von Honduras wurde 1988 erstmals eine bisher unbekannte Farbvariante von *Boa c. imperator* nach Deutschland importiert. Diese Tiere, die so genannten Hog Island-Boas (Hog Island ist der Spitzname von Cayo de los Cochinos) sind eine natürlich vorkommende, hypomelanistische (= Mangel an schwarzen Pigmenten) Form. Abgebildet ist hier die ebenso schöne wie seltene orange Farbvariante der Hog Island-Boa.

Selbst Riesenschlangen derselben Unterart aus demselben Land können nicht immer miteinander verpaart werden.
Die Vorfahren dieser *Boa c. imperator* auf Seite 32/33 wurden in Cancun/Mexiko gefangen und dieses dunkle Tier stammt aus Tarahumara/Mexiko.

Der Grund, warum wir darüber schreiben, ist, dass mittlerweile die ersten dieser Geschöpfe den Sprung über den großen Teich zu uns geschafft haben und dazu beitragen werden, den Genpool der hier in privater Haltung lebenden Riesenschlangen noch mehr zu verseuchen. Glücklicherweise ist in Europa das Interesse an solchem genetischen Schrott (bitte verzeihen Sie uns den Ausdruck, wir wissen die Tiere können nichts dafür) nicht sonderlich groß, was für den Geschmack der Menschen in der alten Welt spricht.
Erwähnenswert ist noch, dass die in den USA gezüchteten Farb- und Zeichnungsmutationen von *Boa constrictor* fast ausnahmslos Mischlinge sind. Das gilt auch für „Albino"-*Boa constrictor*. Fallen Sie nicht darauf rein, wenn Ihnen jemand etwas anderes erzählen will!
Was auch noch gegen die Zucht von Farb- und Zeichnungsmutationen spricht, ist die Tatsache, dass es sich bei diesen Abweichungen von der „Normalform" um nichts anderes handelt, als einen Defekt in den Genen der Tiere. Daher ja auch die Vererbbarkeit der abweichenden Zeichnung oder Färbung.
Die Vermutung, dass sich noch weitere defekte Gene im Erbgut solcher Tiere befinden, ist nicht von der Hand zu weisen. Das gehäufte Auftauchen einäugiger Tiere in Würfen von Albino-Boas in den USA deutet jedenfalls darauf hin. Solche Effekte wer-

den dann noch dadurch verstärkt, dass Tiere mit denselben genetischen Abweichungen miteinander verpaart werden.
Auch fällt auf, dass die Zuchtergebnisse bei Albino-Boas deutlich schlechter als bei vergleichbaren Mischlingsboas mit normaler Färbung sind!
Vielleicht ist dies auch einer der Gründe, warum selbst in den USA die Nachfrage nach reinrassigen *Boa constrictor* in letzter Zeit immer mehr zunimmt und sich die Preise für solche Tiere, insbesondere für so genannte „Rotschwanzboas" dort gegenüber den Preisen von vor fünf Jahren beinahe verdoppelt haben.

Die Auswahl

Wir haben in den vorangegangenen Abschnitten versucht aufzuzeigen, an was Sie vor dem Erwerb einer Boa oder eines Pythons denken sollten und Ihnen Informationen über Vor- und Nachteile der „gängigsten" Riesenschlangen in der privaten Terrarienhaltung angeboten.
Nun wissen Sie sicher, was für ein Tier für Sie infrage kommt und aus welcher „Quelle" Sie es beziehen wollen.
Da Sie alles richtig gemacht haben, beobachten Sie nun entzückt ein durcheinander wuselndes Gemenge von *Boa c. imperator*-Babys in einem „Aufzuchtterrarium" bei einem gut beleumundeten Züchter. Wir setzen hierbei voraus, dass Sie das Glück haben, noch eine größere Auswahl vorzufinden und nicht bloß den Rest vom Schützenfest. Jetzt kommt die Qual der Wahl: Welches Tier nehme ich?
Die weitaus meisten Riesenschlangenhalter legen keinen Wert auf den Erwerb eines Tiers, dem sie sich später nur noch mit Motorradschutzkleidung nähern können. Eine derartige Veranlagung ist jedoch schon im Babyalter erkennbar. Deshalb sollten Sie jene Tiere aus dem Wurf, die Ihnen gefallen, kurz in die Hand nehmen und ihr Verhalten beobachten. Ein Schlangenbaby, das sich bei Ihnen fest hält und neugierig die Gegend bezüngelt, ohne aufgeregt und hektisch zu wirken, trägt die Veranlagung für ein ruhiges und charakterfestes Tier in sich. So eine Schlange mag es auch, ab und zu aus dem Terrarium herausgenommen zu werden. Reagiert das Reptil jedoch übernervös und versucht zu entfliehen oder zu beißen, so ist die Wahrscheinlichkeit, eine „Streichelschlange" gefunden zu haben, eher gering.
Erfahrene Schlangenhalter und Züchter werden auf dieses Kriterium wahrscheinlich weniger Wert legen. Ihnen bleiben dann die „Schnapper" vorbehalten, die aber oft (wegen der ausgleichenden Gerechtigkeit) eine besonders schöne Färbung und Zeichnung aufweisen.
Auf alle Fälle sollte das infrage kommende Tier keine Häutungsreste aufweisen, interessiert züngeln, gut genährt sein und einen agilen Eindruck machen. Die Kloake muss sauber sein, Maul und Rachen rosarot gefärbt und frei von Schleim. Bei Tieren von renommierten Züchtern sind diese Punkte

In Sonora/Mexiko kommt *Boa c. imperator* noch in einer Höhe von 1500 m über dem Meeresspiegel in trockenem Buschland vor.
Die Sonora-Boas sind relative kleinwüchsige Tiere mit einem leicht reizbaren Temperament.

eine Selbstverständlichkeit. Wenn die Haltung allerdings Zweifel aufkommen lässt, ist es ratsam, sich selbst von diesen Details zu überzeugen. Wer noch nicht das Wissen und die Erfahrung besitzt, den Zustand der Boa- oder Python-Babys zu überprüfen, der sollte einen erfahrenen Schlangenhalter zur Besichtigung mitnehmen.

Das Terrarium

Die Beschaffenheit und Ausstattung des Schlangengeheges ist ein wichtiger, wenn nicht sogar der wichtigste Faktor für das Gedeihen und Wohlbefinden unserer Schützlinge. Deshalb wollen wir auch dieses Thema ausführlich behandeln. Erwarten Sie jetzt aber bitte keine Bauanleitung (wir sind keine großen Handwerker vor dem Herrn), sondern einfach nur Informationen über Beschaffenheit, Ausstattung und einige andere Punkte, die noch zu diesem Thema passen.

Merke:
Eine Riesenschlange wird jede bauliche Schwachstelle in einem Terrarium innerhalb weniger Stunden aufdecken.

Standort

Wie wichtig es ist, sich Gedanken zu machen, wo das Terrarium in der Wohnung platziert wird, merkt man erst, wenn der falsche Standort gewählt wurde. Dass die Außenwand eines Zimmers ganz und gar nicht geeignet ist, werden Sie zum Beispiel im Winter feststellen, wenn infolge des starken Temperaturgefälles Kondenswasser und Schimmelpilze an den Kältepunkten des Schlangengeheges auftauchen. Wir können Ihnen aus eigener, leidvoller Erfahrung sagen, dass dies für die Reptilien nicht sonderlich zuträglich ist. Sollten Sie keinen anderen Standort für das Terrarium finden, hilft eine sorgfältige Isolierung mit Styroporplatten oder vergleichbaren Materialien.

Die Honduras-Festlandsform von *Boa c. imperator* gehört nicht nur zu den kleinsten *Boa constrictor* überhaupt, sondern hat auch noch mit Sicherheit die schönste Bauchfärbung, wie dieses Foto beweist.

Jeder langjährige Schlangenhalter wird zugeben müssen, dass man schon mal vergessen kann, nach der Fütterung oder dem Säubern des Terrariums die Schiebegläser zu schließen. Wenn es dumm läuft, nutzt das böse Reptil diese Gelegenheit schamlos aus und seilt sich ab. Wir werden später noch ausführlich auf dieses Thema eingehen. Jetzt dazu nur so viel: Die entwichene Riesenschlange ist in der Regel nicht weit weg, sondern hat sich mit hoher Wahrscheinlichkeit im Zimmer ein Versteck gesucht.
Besonders beliebt ist der schmale Spalt zwischen Zimmerwand und Terrarium, sofern der Schlangenhalter dies ermöglicht hat. Ein kleines Behältnis ist da gleich zur Seite gerückt, aber wie sieht es mit einem zentnerschweren Wohnzimmerterrarium

aus, das die Fläche einer ganzen Wandseite ausfüllt?
Deshalb sollten Sie beim Aufstellen solcher Gehege darauf achten, dass kein noch so kleiner Spalt zwischen Rückwand des Terrariums und der Zimmerwand verbleibt. Wenn die Mauer nicht gerade ist (auch das soll vorkommen), lassen Sie die Fugen am besten ausschäumen.
Es ist auch keine sonderlich gute Idee, das Terrarium in einem Raum aufzustellen, der eine Holzdecke hat. Babyschlangen finden im Falle eines Ausbruchs womöglich einen Weg, zwischen Zimmerdecke und Holzvertäfelung zu gelangen. In diesem Fall (er ist der Praxis entnommen) kann man nur noch viel Spaß wünschen!
Ungünstig ist auch ein Standort, an dem das Gehege starker Sonneneinstrahlung ausgesetzt ist (zum Beispiel in Fensternähe). Da sind im Hochsommer gleich mal 34 °C und mehr erreicht. Das ist sogar für eine tropische Riesenschlange auf die Dauer nicht mehr so angenehm.

Dieses Terrarium ist liebevoll eingerichtet, hat allerdings einen Nachteil: Etwas zu viel Glas. Es ist sehr schwer, in solch einem Terrarium die für tropische Riesenschlangen notwendige Wärme und Luftfeuchtigkeit konstant zu halten.

Die Größe des Terrariums

Es gibt wohl kaum ein Thema in der Riesenschlangenhaltung, bei dem die Ansichten so weit auseinander gehen und die Unsicherheit so groß ist wie bei der Frage: „Wie groß soll das Terrarium sein?"
Bisher existiert diesbezüglich keine gesetzliche Regelung. Es wurde jedoch im Auftrag des Bundesministeriums für Ernährung, Landwirtschaft und Forsten – Referat Tierschutz – von einer „Sachverständigengruppe tierschutzgerechte Haltung von Terrarientieren" ein Gutachten über die „Mindestanforderungen an die Haltung von Reptilien" erstellt.
In einem Schreiben des Bayerischen Staatsministeriums für Landesentwicklung und Umweltfragen an die Regierungen, Landratsämter und Kreisfreien Städte heißt es dazu: „Bei diesem Gutachten handelt es sich nicht um rechtsverbindliche Anforderungen, sondern um fachliche Hinweise, die beispielsweise als Richtschnur bei der Überprüfung entsprechender Tierhaltungen herangezogen werden können."

Gattung	**Gehegegröße (bezogen auf Gesamtlänge) LxBxH**
Boa (amerikan. Boas)	über 1,5 m 0,75 m x 0,5 m x 0,75 m

Hier noch ein praktisches Beispiel zum Gutachten über die Mindestanforderungen an die Haltung von Reptilien. Wir haben eine *Boa constrictor* von 1,60 m Länge als Berechnungsgrundlage ausgewählt. Das sieht dann folgendermaßen aus:

Die Maße des Terrariums berechnen sich daraus wie folgt:

1,60 m (Länge der Boa) x 0,75 = 1,20 m (Länge des Terrariums);

1,60 m (Länge der Boa) x 0,50 = 0,80 m (Breite des Terrariums);

1,60 m (Länge der Boa) x 0,75 = 1,20 m (Höhe des Terrariums).

Diese Berechnung gilt übrigens für zwei Tiere dieser Größe, die dann in einem Terrarium mit diesen Maßen untergebracht werden können.

Es würde den Rahmen dieses Buchs sprengen, auch noch die Berechnungsgrundlagen für die anderen im Gutachten aufgeführten Arten von Riesenschlangen abzudrucken. Aber das ist kein Problem, denn wenn bei Ihnen der Bau eines neuen Terrariums oder die Anschaffung einer Riesenschlange ansteht, brauchen Sie nur bei der örtlichen Naturschutzbehörde nachzufragen. Die haben das Gutachten vorliegen und werden Ihnen sicherlich gerne bezüglich der erforderlichen Abmessungen des Terrariums Auskunft erteilen.

Bei der gelb-schwarzen Variante von *Boa c. longicauda* kommt die markante Kopfzeichnung dieser Unterart fast noch besser zur Geltung als bei der schwarz-weißen.

Da es sich bei dem Gutachten nur um eine Richtlinie handelt, besteht für die Behörden ein Ermessensspielraum, der auch dem Schlangenhalter zugestanden werden sollte.
So kann der Besitzer des Tiers auch den Bewegungsdrang seiner Schlange (der von Unterart zu Unterart, aber auch bei Exemplaren derselben Unterart aus verschiedenen Verbreitungsgebieten sehr unterschiedlich ausfallen kann) berücksichtigen. In dem Gutachten wurden nämlich nur die Gattungen erfasst, nicht jedoch die Unterarten.
Eine *Boa c. occidentalis* wird beispielsweise ein größeres Terrarium brauchen als eine gleich große *Boa c. constrictor*, weil die Argentinischen Boas sehr unternehmungslustig sind und die Rotschwanzboas in der Regel nur faul herumliegen (wir hören jetzt schon den Aufschrei: „Stimmt ja gar nicht, MEINE Rotschwanzboa ist sehr aktiv ...!) – Ausnahmen bestätigen die Regel.
Es ist also zweckmäßig, sich beim Züchter zu erkundigen, ob es sich bei der ins Auge gefassten „Riesenschlangensorte" um bewegungsfreudige Tiere handelt oder nicht. Bei der Festlegung der Maße für das Terrarium kann dies dann entsprechend berücksichtigt werden.
Bei *Boa constrictor* sind es – wie schon erwähnt – die „Occidentalis", die äußerst aktiv sind und auch die hellen Mexikanischen *Boa c. imperator*; das nur nebenbei.
Übrigens sollte das Terrarium mit der Schlange „mitwachsen". Es ist in den meisten Fällen für das Gedeihen eines Riesenschlangenbabys nicht förderlich, wenn es gleich in einen Riesenkasten kommt. Deshalb tut man besser daran, mit einem kleinen Terrarium anzufangen und dann, nach ein bis zwei Jahren, ein größeres zu bauen.

Jungschlangen fressen in einem kleinen Behältnis wesentlich besser.

Erwähnenswert ist auch, dass adulte (geschlechtsreife) Riesenschlangen auf das Umsetzen in ein extrem großes Terrarium nicht selten mit Futterverweigerung oder gesteigerter Aggressivität reagieren.
Zum Abschluss noch eine kleine Faustregel bezüglich der Maße für ein Terrarium, falls Ihnen die Abmessungen, die sich aus dem Gutachten ergeben, zu überdimensioniert erscheinen:
Die Diagonale (das ist eine gedachte Linie von der vordersten linken zur hintersten rechten Ecke) des Behältnisses sollte mindestens die Länge der Schlange betragen. Und bauen Sie das Terrarium nicht zu hoch. Denn je höher es ist, umso schwieriger wird die Beheizung. Je öfter sich die Heizstrahler einschalten, desto mehr sinkt die Luftfeuchtigkeit. Daher haben die meisten Leute mit hohen Terrarien Probleme mit der Luftfeuchtigkeit. Zudem ist die Verletzungsgefahr für die Tiere höher, wenn sie von einem Kletterast herunterfallen. Das kommt häufiger vor, als Sie vielleicht denken!

Das Material

Leider sind die hierzulande im Handel angebotenen Riesenschlangenterrarien meistens wenig geeignet. Aus diesem Grund wird Ihnen wohl nichts anderes übrig bleiben, als selbst eines zu bauen oder beim Schreiner in Auftrag zu geben.
Haben Sie den letzten Satz genau gelesen? Dort steht Schreiner, nicht Glaser! Glas ist als Material nur geeignet, wenn Sie den Raum heizen, in dem das Terrarium steht.

Die Crawl Cay *Boa c. imperator* sind neben den Cay Caulker *Boa c. imperator* die zweite Inselform aus den Gewässern vor Belize. Da besonders Inselboas in ihrem Bestand höchst gefährdet sind, sollten die wenigen Tiere in privater Haltung unbedingt reinrassig weiter gezüchtet werden.

Ansonsten können Sie Glas aufgrund der völlig fehlenden Isolierungseigenschaften vergessen. Sie würden immer Probleme mit der Luftfeuchtigkeit haben.
Warum das so ist? Ganz einfach: Um die erforderliche Temperatur zu halten, muss der Heizstrahler fast pausenlos eingeschaltet sein. Das senkt die Luftfeuchtigkeit drastisch. Die andere Möglichkeit ist eine Heizmatte, auf der die Schlange dann sehr oft liegt, weil sie sich aufwärmen will. Auf diese Weise trocknet sie dann aus wie ein Regenwurm auf dem heißen Asphalt. Das glauben Sie nicht? Dann legen Sie mal ein Hygrometer auf die Heizmatte. Sie werden Ihr blaues Wunder erleben!

Wer jetzt blass wird, weil er vor zwei Tagen in Unkenntnis dieser Zeilen ein sündteures Glasterrarium erworben hat, braucht jedoch nicht zu verzagen. Es gibt immer noch die Möglichkeit, das Ding rundherum (Frontseite natürlich ausgenommen) mit Styroporplatten aus dem Baumarkt zu isolieren. Sie schneiden die Platten einfach genau zu und kleben sie mit Silikon auf. Um das ganze auch fürs Auge etwas reizvoller zu gestalten, kann anschließend noch eine holzfarbene Folie oder ein ebensolcher Bodenbelag aus PVC darüber geklebt werden.
So viel zum Thema Glasterrarien ...
Unserer Ansicht nach sind weiß beschichtete Spanplatten von 19 mm Stärke das ideale Material für den Terrarienbau. Mit diesem kann kein Urin oder Kot ins Holz dringen und Verunreinigungen sind gut sichtbar. Aber auch Naturholz, das mit einem ungiftigen Lack imprägniert wurde, eignet sich prima. Die Front des Terrariums besteht natürlich aus Glasschiebefenstern (Stärke 6 mm) in einer Holzrahmung. Es empfiehlt sich, für diese Holzrahmung statt der Spanplatten Naturholz zu verwenden, das macht optisch mehr her.

Die Beheizung

Es gibt mehrere gängige Methoden, ein Terrarium zu beheizen, aber eigentlich nur eine halbwegs passable. Im Handel werden in erster Linie Heizmatten und -kabel für den Boden des Terrariums und Infrarotstrahler für die Decke angeboten.

Von einer Bodenheizung (insbesondere mit hoher Wattzahl) raten wir ab, weil wir (und auch andere Leute, die sich Hilfe suchend an uns wandten) die Erfahrung machen mussten, dass sich die Schlange darauf legt und dadurch austrocknet. Wer nicht glaubt, dass diese Gefahr besteht, weil die Luftfeuchtigkeit in seinem Terrarium „passt", möge das Hygrometer einmal direkt auf die Heizmatte legen.

Wie vorher schon erwähnt, wird der überzeugte Heizmattenfan sein blaues Wunder erleben.

Auch die Möglichkeit, das Wasserbecken draufzustellen, ist der Sache wenig dienlich, da sich das Wasser rasch erwärmt und so dem Wachstum krankheitserregender Bakterien, die sich darin befinden, Vorschub geleistet wird. Sie können also zwischen der ausgetrockneten und der kranken Schlange wählen.

Nicht einmal Matten oder Kabel mit sehr niedriger Wattzahl sind brauchbar. Wir haben ein Hygrometer auf eine 6 W-Heizmatte gelegt (dazwischen war noch eine Lage Zeitungspapier und der etwa 3 mm starke Plastikboden des Behälters) und kamen auf 38 % Luftfeuchtigkeit, obwohl das Behältnis überall sonst mehr als 70 % Luftfeuchtigkeit aufwies.

Eine verschmorte Schlange bekommen Sie, wenn Sie sich für einen Infrarotstrahler entscheiden, ohne diese Heizquelle mit einem Schutzgitter zu umgeben. Dieses muss engmaschig genug sein, dass auch Babyschlangen von der Wärmequelle fern gehalten werden.

Endlich ist der Handel auf die Idee gekommen, einen Schutzkäfig für die Keramik-Heizstrahler auf den Markt zu bringen. Das Teil hat den Namen „Heat Protector" und wird von Dohse-Aquaristik vertrieben. Wir haben den Heat Protector schon getestet und sind der Meinung, dass er optimal ist.

Die Gefahr, sich in einem großen Terrarium zu verletzen, ist bei Riesenschlangenbabys besonders groß. Insbesondere sollten Sie darauf achten, dass das Tier nicht mit dem Kopf durch die Maschen des Schutzkäfigs für den Heizstrahler kommt. Die Jungtiere der Roten Regenbogenboas sind hier sehr gefährdet, da sie einen sehr schlanken Kopf haben.

Leider scheinen Riesenschlangen Hitze erst zu spüren, wenn sie bereits erhebliche Verbrennungen erlitten haben. Deshalb können Sie sich nicht darauf verlassen, dass Ihr Tier, wenn es sich um den Heizstrahler gewickelt hat (das tun die mit Vorliebe!), sofort flüchtet, wenn dieser zu warm wird. Ansonsten ist diese Möglichkeit der Beheizung von allen schlechten wohl die beste. Achten Sie aber darauf, einen Infrarotstrahler zu verwenden, der kein sichtbares Licht abgibt, da sonst der Tag-/Nachtrhythmus der Schlange gestört wird. Infrarotdunkelstrahler gibt es in einer Leistungsstärke von 60 bis 250 W.

Hier noch eine grobe Richtlinie, welche Stärke Sie für welche Terrariengröße benötigen:

100 x 50 x 50 cm (L x B x H) = 100 W;
bis 150 x 60 x 70 cm (L x B x H) = 150 W,
darüber 250 W.

Natürlich spielt hier auch die Temperatur des Raums, in dem das Terrarium steht, eine Rolle.

Wir wollten Ihnen diese Aufnahmen nicht ersparen, damit Sie sehen was passiert, wenn ein Schlangenhalter denkt, es wäre nicht nötig, den Keramik-Heizstrahler mit einem Schutzgitter zu versehen, weil sein Tier dort „niemals hin kommt". Wenn diese Fotos helfen, den einen oder anderen Leichtsinnsbruder zu überzeugen, den Heizstrahler mit einem Schutzkäfig zu versehen, war der Tod dieser *Boa c. imperator* nicht umsonst.

Der Strahler sollte nicht direkt in der Mitte des Geheges, sondern etwas seitlich davon angebracht werden, damit wärmere und kühlere Bereiche entstehen. Ein solches Temperaturgefälle ist wünschenswert, weil das Reptil dadurch die Möglichkeit hat, seine Körpertemperatur nach seinen Bedürfnissen zu regulieren, so wie es auch in der Natur geschieht.

Auch die Steuerung über ein Thermostat ist wichtig, um sicher zu stellen, dass die Temperatur immer im Komfortbereich des Terrarienbewohners bleibt. Der Wärmefühler des Thermostaten soll dort angebracht werden, wo sich die Schlange meist aufhält.

Schließlich gibt es noch die Möglichkeit, den Raum zu heizen, in dem das Terrarium steht. Dann sind allerdings die Möglichkeiten, im Terrarium ein Temperaturgefälle zu erzeugen, eingeschränkt. Der Vorteil dieser Methode ist jedoch, dass durch die externe Beheizung in der Regel die Luftfeuchtigkeit im Terrarium nicht so stark vermindert wird, wie durch eine interne. Wenn Sie allerdings den Raum, in dem das Gehege steht, auch als Wohnraum nutzen, fällt diese Möglichkeit flach. Oder wollen Sie bei 29 °C im Wohnzimmer sitzen?

In diesen Abschnitt passt eigentlich noch gut die Antwort auf die Frage nach der Haltungstemperatur für Riesenschlangen: Diese ist für die meisten hierzulande gehaltenen Arten relativ gleich und liegt nachts bei 22 bis 24 °C sowie 27 bis 29 °C tagsüber. Lokale Aufwärmmöglichkeiten tagsüber auf bis zu 32 °C sind dem Wohlbefinden der Schlangen dienlich.

Die Belüftung

Je größer die Belüftungsöffnungen eines Terrariums sind, desto besser und mit weniger Keimen belastet ist die Luft darin. Dies ist die eine Seite der Medaille. Die Kehrseite derselben sieht so aus, dass es Ihnen bei großen Belüftungsöffnungen nur schwer gelingen wird, die Luftfeuchtigkeit im Komfortbereich von Riesenschlangen (dieser liegt je nach gehaltener Art zwischen 65 % und etwa 85 %) zu halten. Hüten Sie sich also davor, beim Bau des Terrariums an den Seiten riesengroße Lüftungsschlitze anzubringen (oder hineinmachen zu lassen). Besser ist es, erst einmal mit wenig zu beginnen und gegebenenfalls nachträglich zusätzliche Öffnungen zu schaffen oder bestehende zu erweitern.
Der Luftaustausch erfolgt am besten über die Seitenwände des Terrariums oder im Frontbereich links und rechts außen. Dabei sollte man sich das physikalische Prinzip, dass warme Luft nach oben steigt, zu Nutze machen. Jene Seite, die näher an der Heizquelle liegt, bekommt die Lüftungsöffnung unten, die andere oben. Auf diese Weise erreichen Sie mit geringem Aufwand die bestmögliche Zirkulation.
Noch ein Tipp: Waschbeckenabflusssiebe aus dem Baumarkt eignen sich hervorragend als Lüftungsöffnungen. Mit einem entsprechenden Bohrer wird eine kreisrunde Öffnung passenden Durchmessers geschaffen. In dieser kann dann das Abflusssieb mittels Silikon fixiert werden.

Der Wasserbehälter

Ohne Frage gehört der Wasserbehälter im Terrarium zu den wichtigsten Einrichtungsgegenständen. Er hat drei Funktionen:

- Bereitstellung von Trinkwasser,
- Badebecken,
- Regulierung der Luftfeuchtigkeit,

Ein simples Abflusssieb aus dem Baumarkt eignet sich hervorragend als Verschluss für die Belüftungsöffnungen des Terrariums. Wir sind sogar der Meinung, dass das nicht mal schlecht aussieht.

Es ist für die Gesundheit unserer beinlosen Pfleglinge unerlässlich, in regelmäßigen Abständen das Wassergefäß im Terrarium gründlich zu desinfizieren. Microzid AF Liquid, eignet sich dafür ganz hervorragend. Da es hauptsächlich für den medizinischen Bereich entwickelt wurde, wird es mit allen gängigen Bakterien, Pilzen und Viren fertig, die unseren Pfleglingen schaden könnten.

Um zu vermeiden, dass krankheitserregende Bakterien beim Reinigen der Wasserbecken von einem Terrarium ins andere übertragen werden, muss die Bürste zwischen zwei Reinigungsvorgängen in Desinfektionsmittel getaucht werden.
Diese Vorgehensweise empfiehlt sich aber auch dann, wenn Sie nur ein Terrarium besitzen.

Aus Punkt 2 ergibt sich, dass der Behälter mindestens eine Größe haben muss, die es der Schlange ermöglicht, darin zu baden ohne sich wie eine Sardine zu fühlen.
Da Boas und Pythons mit Vorliebe ihr Geschäft im Wasser verrichten, muss die Wanne ohne Mühe herausgenommen werden können, um sie gründlich zu reinigen.
Womit wir beim Thema fest eingebauter Badebecken sind. Ein gut gemeinter Rat: Tun Sie sich das nicht an! Selbst wenn das Ding einen Abfluss hat, muss dieser denselben Durchmesser haben, wie der einer Toilette. Ansonsten ist beim ersten Abkoten alles verstopft. Und ob Sie die von der Firma „Rohrfrei" dazu bringen, im Schlangenterrarium zu arbeiten, ist auch zweifelhaft.
Wie wäre es dann mit einem großen, fest eingebauten Badebecken ohne Abfluss? Diese Idee ist noch schlechter. Per Handbetrieb so und so viele Liter Wasser (samt Kot) abzuschöpfen und ins Klo zu schütten ist eine harte Strafe.
Ein Bekannter von uns hat das inzwischen auch gemerkt, das teure Teil endlich rausgeschmissen und gegen zwei handliche Hydrokulturgefäße ersetzt.
Auch ohne dass das Trink- oder Badewasser von der Schlange verunreinigt wurde, muss es jeden Tag gewechselt werden. Krankheitserregende Keime vom Typ *Pseudomonas aeroginosa* gedeihen bevorzugt im feuchten Milieu und vermehren sich unter Terrarienbedingungen besonders gut.

Beachte: Neben der Pflanzenerde ist der Wasserbehälter die gefährlichste Brutstätte von pathogenen Keimen im Terrarium.

Diese Erreger können sowohl die Verdauungsorgane als auch die Atemwege befallen. Um zu verhindern, dass sich ihr Liebling eine Infektion holt, müssen Sie daher jeden Tag das Wasser wechseln.

Das Trink- und Badewasser für die Riesenschlange muss immer in einem Zustand sein, dass Sie auch selbst davon trinken würden.

Die Bürste, die Sie zur Reinigung des Wasserbeckens verwenden, sollte nach jeder Anwendung in ein mit Desinfektionsmittel gefülltes Glas gegeben werden. Ein großes Essiggurkenglas eignet sich hierfür hervorragend. Das Desinfektionsmittel ist gelegentlich zu erneuern.

Auf diese Weise werden pathogene Keime, die nach der Benutzung an der Bürste haften, abgetötet. Diese Maßnahme ist besonders wichtig, wenn Sie mehrere Terrarien mit Riesenschlangen (und damit mehrere Wasserbecken) haben. Zwischen zwei Anwendungen sollte die Bürste mehrere Minuten im Desinfektionsmittel verbleiben. Wer sich nicht an diese Empfehlung hält, riskiert die Übertragung von Krankheitserregern per Reinigungsbürste von einem Terrarium ins andere.
Nachdem wir verschiedene Desinfektionsmittel ausprobiert haben, sind wir bei Mikrozid® AF Liquid geblieben. Es ist ein hochwirksames Flächendesinfektionsmittel, das Sie über die Apotheke auch in größerer Menge beziehen können. Wem Mikrozid® AF Liquid zu teuer ist, der kann auch Perform® verwenden. Dies ist ein Pulver, das nach Auflösung im Wasser ebenfalls ein hochwirksames Desinfektionsmittel ergibt, aber etwas länger einwirken muss. Aus rechtlichen Gründen wollen wir noch darauf hinweisen, dass der Hersteller dieser Desinfektionsmittel, die Schülke & Mayr GmbH in Norderstedt die Anwendung im Bereich der Terraristik weder getestet hat noch empfiehlt. Da wir gerade bei den Desinfektionsmitteln sind: Sollten Sie eine kranke Schlange in ihrem Bestand haben, sind Sie gut beraten, nach deren Handhabung die Hände zu desinfizieren, bevor Sie das nächste Tier berühren. Zu diesem Zweck eignen sich die zuvor genannten Mittel nicht, da sie zur Flächendesinfektion gedacht sind. Hier empfiehlt sich Desderman® N, das speziell zur Hand-Desinfektion entwickelt wurde und auch in Krankenhäusern Verwendung findet. Auch Desderman® N gibt es nur in Apotheken.

Nun kommen wir noch zur letzten Funktion des Wasserbehälters im Terrarium: Die Regulierung der Luftfeuchtigkeit.
Wie Sie bereits in der Schule gehört haben, richtet sich die Verdunstung nach der Größe der Wasseroberfläche. Sie haben also hier ein hervorragendes Mittel, die Luftfeuchtigkeit im Terrarium zu steuern. Ist sie zu niedrig, stellen Sie einfach ein größeres Wasserbecken rein (oder auch zwei); ist sie zu hoch, so verwenden Sie ein kleineres.
Die Luftfeuchtigkeit im Terrarium ist stark abhängig vom Raumklima und dieses wiederum von den klimatischen Verhältnissen im Freien. Daher wird es während der verschiedenen Jahreszeiten und Witterungsverhältnisse auch innerhalb des Terrariums zu starken Schwankungen der Werte kommen. Diese lassen sich durch flexiblen Einsatz von größeren und kleineren Wasserbehältern wunderbar ausgleichen.
Diese Art und Weise für angemessene Luftfeuchtigkeit zu sorgen, ist besser als sprühen, da schonender für die Bewohner und auch für die Einrichtung. Warum? Ganz einfach: Mit der Sprüherei bekommen Sie bei der Verwendung von zu hartem Wasser im Laufe der Zeit überall Kalkflecken im Terrarium. Zudem beginnt die Einrichtung aufgrund des ständig anhaftenden Wassers zu verrotten. Außerdem hat so manche Riesenschlange den steten feuchten Schauer schon mit einer ausgewachsenen Lungenentzündung vergolten. So entsteht mehr Schaden als Nutzen.
Noch etwas zum Schluss: Verwenden Sie weiße Hydrokulturgefäße als Trink- und Badebecken. Warum wir das empfehlen, können Sie im Kapitel über Schlangenmilben nachlesen.

Beleuchtung

Das *Boa c. constrictor*-Baby, das unsere hübschen Mädchen Ulrike und Astrid auf dem Foto präsentieren, wurde in einer Zuchtstation in Surinam geboren.
Um die prächtigen Farben, welche dieses Tier im zweiten Lebensjahr entwickeln wird, im Terrarium gut zur Geltung zu bringen, sind Leuchtstoffröhren mit Tageslichtspektrum notwendig. Wie wir feststellen konnten, haben die Repti-Glo-Röhren der Firma Hagen Deutschland im Vergleich zu den Produkten anderer Hersteller eine höhere Lichtausbeute. Daher genügt oft eine Leuchte mit niedrigerer Wattzahl als man sie sonst benötigen würde.

Um eine häufig gestellte Frage gleich vorneweg zu beantworten: Riesenschlangen sind nicht auf Leuchtstoffröhren, deren Lichtspektrum UV-C-Anteile enthält, oder gar direkte UV-Leuchten angewiesen.
Allerdings haben wir die Erfahrung gemacht, dass Leuchtröhren, deren Spektrum dem Sonnenlicht nachempfunden ist, einen günstigen Einfluss auf die Ausdruckskraft der Färbung von Boas und Pythons zu haben scheinen.
Von uns erworbene Tiere, die vorher in Terrarien mit „normalen" Leuchtstoffröhren gehalten wurden, waren nach einer Woche „Sonnenspektrumlicht" nicht wiederzuerkennen.
Wir verwenden die „Repti-Glo"-Röhren der Firma Hagen Deutschland, erhältlich in verschiedenen Größen und Lichtstärken im Zoohandel. Aber auch Energiesparlampen oder simple Glühbirnen als Terrarienbeleuchtung sind möglich. Da letztere ebenso wie Heizstrahler sehr heiß werden, müssen Sie auch hier ein Schutzgitter verwenden.
Wir haben schon öfters das Argument gehört, dass eine Terrarienbeleuchtung nicht notwendig sei, weil das Tageslicht genüge und sich Riesenschlangen in der Wildnis während des Tages ja ohnehin verkriechen würden. Dass das so nicht stimmt, beweisen unsere Boas jeden Tag: Wenn das Licht angeht, kommen sie alle heraus, um sich zu sonnen.
Die Tageslichtdauer wird am besten mit einer Zeitschaltuhr gesteuert. Sie sollte zwischen neun und zwölf Stunden betragen. Eine korrekte Einhaltung immer desselben Intervalls empfiehlt sich, um einen stabilen Tag-Nacht-Rhythmus für die Tiere zu gewährleisten.

Der Bodengrund

Um es gleich vorweg zu nehmen: Der ideale Bodengrund für die Haltung von Riesenschlangen wurde bisher noch nicht erfunden. Jedes Substrat hat seine Vor- und Nachteile, aber manches hat nur Nachteile. Nachdem wir im Laufe der Jahre so ziemlich alles ausprobiert haben, was es gibt, sind wir glühende Verfechter des Zeitungspapiers als Bodengrund geworden. Der einzige Nachteil dieses „Substrats" ist die Optik. Es sieht nun mal nicht so gut aus, wenn die Schlange auf der „Frankfurter Allgemeinen" liegt statt auf Rindenmulch. Aber das ist wirklich der einzige Nachteil, denn Zeitungspapier ist enorm saugfähig, die Ausscheidungen sind darauf gut sichtbar und die Schlange bekommt beim Fressen nichts ins Maul. Zwischen mehreren dicken Lagen Zeitungspapier kann sich das Tier auch prima verkriechen und hat dann wahrscheinlich in etwa das Gefühl als würde es sich unter heruntergefallenem Laub verkriechen, was seinen natürlichen Motivationen entspricht.

Schlangenbabys halten wir auf Küchenpapier, da sich der Boden von Kleinterrarien damit besser als mit der Samstagsausgabe der Süddeutschen Zeitung auslegen lässt.

Die Großeltern dieser weiblichen *Boa c. constrictor* wurden Anfang der 80er Jahre auf einem Markt in Belem/Brasilien erworben und nach Deutschland gebracht. 1990 gab es in Deutschland die ersten Nachzuchten davon. Aus diesen wiederum geht das abgebildete Tier hervor, das 1996 geboren wurde. Diese Nachzuchten in zweiter Generation von Wildfängen nennt man F_2-Generation.

Versteckmöglichkeiten und Kletteräste

In einem Terrarium für Riesenschlangen darf auf keinen Fall eine Versteckmöglichkeit für den oder die Bewohner fehlen. Boas und Pythons lieben es, sich zu verkriechen. Allerdings sind hier keine teuren Anschaffungen oder aufwendige Bauten nötig. Schon ein Pappkarton mit einem Loch, das groß genug für die Schlange ist, kann diesen Zweck erfüllen.

Geeignet sind auch tönerne Blumenschalen, in die mit einem Trennschneider eine passende Öffnung geflext wird. Umgedreht ins Terrarium gestellt, werden diese von den Tieren mit Begeisterung angenommen. Zudem haben Tonschalen gegenüber den im Handel als Versteckmöglichkeit angebotenen Korkrinden noch einen großen Vorteil: Eine halbe Stunde im heißen Backofen macht sie völlig steril. Mit Korkrinden haben wir das noch nicht versucht und möchten auch nicht dazu raten.

Babyschlangen nehmen als Unterschlupf auch leere Küchen- oder Toilettenpapierrollen an. Bei Verunreinigung wandern die Rollen einfach in den Müll, denn an Nachschub sollte es hier ja nicht fehlen.

Auch erhöhte Ablageflächen im Terrarium stehen bei Boas und Pythons hoch im Kurs. Hierzu muss man wissen, dass Riesenschlangen Lauerer sind. Sie suchen nicht aktiv nach Beute, sondern warten mit einer Engelsgeduld auf alles Fressbare, das sich unvorsichtigerweise in ihre Nähe begibt. Etwas erhöhte Lauer- und Versteckplätze werden deshalb besonders dankbar angenommen. Unsere beinlosen Freunde lieben es, sich nachts während der Beutesuche mit dem vorderen Körperdrittel aus erhöhter

Bei den pastellfarbenen *Boa c. imperator* aus Kolumbien handelt es sich nicht um eine speziell gezüchtete Farbvariante. Diese Färbung kommt auch in der Natur vor, wie das abgebildete Tier, das direkt aus Kolumbien importiert wurde, dokumentiert.

Die Heimat dieser *Boa c. constrictor* ist Peru. Neben den Tieren aus Surinam und Brasilien gehören diese Boas zu den begehrtesten der so genannten „Rotschwanzboas“. Allerdings können *Boa c. constrictor* schon mal die 3 m-Marke knacken.

Foto: Jim Peters

Position herunter hängen zu lassen und darauf zu warten, dass unten eine Maus oder Ratte vorbeiläuft

Für Bäume bewohnende Riesenschlangen wie zum Beispiel *Morelia viridis* oder *Corallus caninus* sind Kletteräste im Terrarium unerlässlich. Aber auch von vielen anderen Boa- und Python-Arten werden diese gerne benutzt. Es empfiehlt sich aber, die Äste vor dem Einbringen in das Schlangengehege von der Rinde zu befreien. Diese ist oft Tummelplatz von Ungeziefer, das in einem Terrarium nichts zu suchen hat. Mit einer ungiftigen Acrylfarbe gestrichen, verleihen die Äste dem Terrarium ein wohnliches Aussehen und sind gegen die Ausscheidungen der Bewohner geschützt.

Unser Tipp: Vermeiden Sie es nach Möglichkeit, die Äste am Boden des Geheges zu befestigen oder dort abzustützen. Das Auslegen mit Zeitungspapier oder Kunststoffmatten wird dadurch wesentlich erschwert. Zudem ist bei Verwendung anderer Substrate (Erde, Sand usw.) als Bodengrund der Bereich um die Äste schwer zu säubern und daher eine ständige hygienische Belastung.

Messgeräte

Fehlen darf im Terrarium keinesfalls ein Thermo-/Hygrometer zur Messung von Temperatur und Luftfeuchtigkeit. Es spielt keine Rolle, ob Sie ein digitales oder mechanisches Gerät verwenden. Beide werden mit der Zeit – was die Messung der Luftfeuchtigkeit betrifft – nicht mehr tolerierbare Abweichungen nach unten oder oben aufweisen. Während das mechanische in diesem Fall vom Besitzer selbst immer wieder geeicht werden kann, muss das digitale eingeschickt werden, um seine Zuverlässigkeit wieder herzustellen. Wir benutzen trotzdem digitale, weil diese bequemer abzulesen sind. Wir haben im Laufe der Jahre Geräte von verschiedenen Herstellern verwendet. Relativ billige Thermo-/Hygrometer waren auch relativ schnell defekt. Platzieren sollten Sie die Messgeräte nicht dort, wo sie dekorativ wirken, sondern an jener Stelle, wo sich die Schlange meist aufhält.

Das Thermo-/Hygrometer gehört zu den wichtigsten Einrichtungsgegenständen im Terrarium. Nur durch sie ist die Kontrolle der optimalen Bedingungen für die Tiere hinsichtlich Temperatur und Luftfeuchtigkeit gewährleistet. Die digitalen Geräte der Firma Eschenbach in Nürnberg sind wesentlich übersichtlicher und bequemer abzulesen als mechanische Geräte.

Der Probelauf

So, nun ist alles fertig: Der Schreiner hat das Terrarium geliefert, der Glaser die Scheiben dazu (nur die Scheiben, nicht das ganze Terrarium). Der Elektriker hat Heizung sowie Beleuchtung angeschlossen und Sie haben es eingerichtet. Oder haben Sie alles selbst gemacht? Respekt!

Also, dann gehts auf: Terrarium anschmeißen, kurz warten bis es warm ist und dann rein mit der Schlange ... – lieber nicht!
Klügere Leute als wir sind darauf gekommen, dass es sehr vorteilhaft ist, das Terrarium erst einmal voll eingerichtet – also auch mit Wasserbecken – mindestens zwei Tage lang im Probebetrieb zu testen, bevor der Bewohner einzieht. In dieser Zeit wird das Behältnis richtig durchgewärmt und auch die erforderliche Luftfeuchtigkeit aufgebaut. Wir können aus Erfahrung sagen, dass dies besonders beim „Neustart" seine Zeit braucht. Außerdem sollten Sie in dieser Zeit (sowohl tags als auch nachts) mit mehreren Thermo-/Hygrometern jede Ecke und jeden Winkel durchmessen, um genau festzustellen, wie die klimatischen Bedingungen sind. Bei solch einer Gelegenheit stellt sich oftmals heraus, dass die bei Schlangen besonders beliebten Plätze wie Ablagen und Verstecke ungünstige Bedingungen (zu heiß, zu kalt oder zu trocken) aufweisen. In diesem Fall kann dann noch nachgebessert werden, ohne dass die Boa oder der Python in seiner Gesundheit beeinträchtigt wurde.
Übrigens sind bei großen Terrarien mit geringem Luftaustausch die klimatischen Unterschiede innerhalb des Behältnisses oftmals frappierend. Da kann ein guter Meter schon mal einen Unterschied von 3 °C und 15 % Luftfeuchtigkeit ausmachen. Das ist auch in Ordnung so, denn ein Temperaturgefälle ist ja erwünscht. Aber die Werte müssen an jedem Platz im Terrarium im Rahmen bleiben. Zudem sollten Sie wissen, welche klimatischen Bedingungen an welcher Stelle herrschen. Um dies herauszufinden, bevor die Boa oder der Python einzieht, ist der Probelauf mehr als sinnvoll.

Kopfstudie einer *Boa c. amarali* aus Sao Paolo, Brasilien.

Umgang mit Riesenschlangen

Wenn Sie sich mit Ihrer Boa oder Ihrem Python intensiv beschäftigen, dann werden Sie im Laufe der Zeit die Körpersprache der Schlange perfekt verstehen lernen. Durch ihre Verhaltensweisen ist die Schlange in der Lage, ihre Bedürfnisse und ihren Gemütszustand kundzutun. Dabei gibt es allerdings bei jeder Schlange auch individuelle Unterschiede.
Um die Schlange am Anfang nicht aus Unkenntnis heraus zu vergrätzen (dieser Ausdruck trifft den Punkt) ist es für den Pfleger der Schlange erforderlich, sich auch über ganz simple Dinge Gedanken zu machen, zum Beispiel:

Die richtige Handhabung

Es gibt einige Kleinigkeiten, die Sie im täglichen Umgang mit Ihrer Boa oder Ihrem Python unbedingt beachten müssen, wenn Sie Bissverletzungen und Stress für die Schlange vermeiden wollen. Wichtig ist vor allem das richtige Fingerspitzengefühl bei der Handhabung.
Der größte Fehler ist es, eine Schlange mit festem Griff zu halten. Selbst Tiere, die sich normalerweise durch ein friedliches Temperament auszeichnen, werden dabei hektisch. Wenn Sie Ihren Liebling aus dem Terrarium holen wollen, schieben Sie am besten

Diese *Boa c. sabogae* wurde im Reptilienzoo von Robert Meidinger in Costa Rica gezüchtet. Da die Pearl Island-Boas, wie sie auch genannt werden, in der Natur als ausgestorben gelten, ist dies ein besonders wichtiger Erfolg. Die Eltern der kleinen Boa wurden mit Erlaubnis der Regierung von Panama Anfang 1999 in ihrem Verbreitungsgebiet gefangen und nach Costa Rica verbracht. Die *Boa c. sabogae* von Robert Meidinger sind die einzigen weltweit mit bewiesener und dokumentierter Herkunft.

die flache, leicht gekrümmte Hand zwischen die Ablagefläche und den Bauch des Tiers und heben es sanft an, sodass Ihre Hand zusammen mit dem Arm wie ein Kletterast wirkt. Wer eine Riesenschlange mit festem Griff am Schwanz packt und aus dem Terrarium zerrt (haben wir alles schon gesehen), hat den Abwehrbiss, der daraufhin mit hoher Wahrscheinlichkeit folgt, redlich verdient. Eine solche Handhabung bedeutet Stress für das Tier, besonders wenn es sich um einen Wildfang handelt, der das traumatische Erlebnis einer gewaltsamen Entnahme aus der Wildnis hinter sich hat. Ein Fehler ist es auch, die Terrarienscheiben nur zu öffnen, um die Schlange zu füttern. Das Reptil wird sich dann sehr schnell angewöhnen sofort zuzuschlagen, wenn die Scheibe aufgeht. Dass es dann Ihre Hand ist, die sie im Maul hat und nicht eine wohlschmeckende Futterratte, wird die Boa erst irgendwann später bemerken, während Sie schon vor Schmerzen den Königsjodler intonieren.

Aber auch bei einer gut eingewöhnten Riesenschlange, die öfters gehandhabt wird, ist es ein Risiko, nach Löschen des Lichts nach ihr zu fassen. Diese Tiere sind dämmerungs- und nachtaktiv. Für sie ist dies die Zeit des Beutefangs. Also – Vorsicht!

Es hat sich hervorragend bewährt, vor dem Handhaben einer Boa oder eines Pythons das Reptil erst einmal darauf hinzuweisen, dass kein Futter kommt. Dies geschieht am besten, indem man mit einem Schlangenhaken (oder auch mit einer Rolle Papiertücher) den Kopf der Schlange von oben sanft gegen die Unterlage drückt. Diese Vorgehensweise hat mehrere Vorteile: Wenn das Tier in den Haken oder in die Rolle beißt, weiß der Schlangenhalter, dass Vorsicht geboten ist. Außerdem bleibt er in so einem Fall unverletzt. Wird die Handhabung des Reptils regelmäßig von dieser Maßnahme begleitet, gewöhnt es sich daran und weiß: Jetzt kommt kein Futter, sondern ich werde rumgehievt.

Riesenschlangen, die auf Handhabung mit panischer Angst oder Aggressivität reagieren, sollten Sie weitgehend in Ruhe lassen und nur bei den notwendigen Reinigungsarbeiten berühren. In so einem Fall helfen nur dicke Arbeitshandschuhe und eine Schutzbrille, um Bissverletzungen zu vermeiden. Es ist dann am sichersten, das Tier unmittelbar hinter dem Kopf festzuhalten und während der Reinigungsarbeiten in einer geräumigen Plastikbox aus dem Baumarkt zu verwahren.

Dieses Foto macht deutlich, dass es selbst für einen Experten schwierig ist, eine reinrassige *Boa c. sabogae* von einer „Salmon Hypo"-Boa zu unterscheiden. Bei dem abgebildeten Tier handelt es sich um eine dieser Kunstboas aus den USA, die ohne weiteres als Pearl Island-Boas durchgehen könnten. Foto: Greg Grindstaff

Sierra Tarahumara liegt im Norden des Bundesstaats Chihuahua/Mexiko. Dieses riesige Areal von hohen Bergen, bewaldeten Plateaus und tief erodierten Canyons wird manchmal auch als „Western Mother Mountains" bezeichnet. Hoch über dem harten Wüstenboden bei etwa 1350 m ü. NN liegen die Ponderosa-Pinienwälder. Von dort stammen die „Tarahumara-Zwergboas". In der Terrarienhaltung gibt es weltweit nur circa zwei Dutzend Exemplare von dieser *Boa c. imperator*.

Transport

Es kommt immer wieder mal vor, dass eine Riesenschlange transportiert werden muss. Hierfür eignet sich am besten ein Leinensäckchen. Bei größeren Exemplaren leistet auch ein Kopfkissenbezug gute Dienste.
Insbesondere bei Schlangenbabys hat man dafür Sorge zu tragen, dass sich diese nicht in den Fäden der Naht verheddern. Deshalb empfehlen wir, die Säckchen einfach umzustülpen, so dass die Naht außen ist. Um zu verhindern, dass sich die Schlange durch hartnäckiges Bohren an jener Stelle, wo der Leinensack zugebunden wurde, eine Öffnung schafft, ist vor dem Zubinden das Ende nochmals umzuknicken, sodass eine Schlaufe entsteht. Diese wird dann mit dem übrigen Teil fest zusammengebunden. Somit ist diese Schwachstelle beseitigt.
Da Riesenschlangen Hitze und Kälte nur begrenzt tolerieren, gehört ein ausreichend großer Styroporkarton für Transportzwecke zur Grundausstattung des Riesenschlangenhalters. Während der kalten Jahreszeit ist zusätzlich noch eine Wärmequelle in der Styroporbox unentbehrlich. Wärmflaschen sind hier nur begrenzt tauglich, da sie relativ schnell abkühlen. Es besteht auch die Gefahr, das Tier mit einer zu heißen Wärmflasche (wie Oma sie immer macht) zu überhitzen.

Besser geeignet sind hier so genannte Handwärmer. Diese sind in Geschäften für Jagd- und Sportfischereibedarf erhältlich. Es handelt sich bei diesen Handwärmern (niederbayerisch: Heatpacks) um kleine Kissen, in denen sich ein Granulat befindet. Diese chemische Substanz gibt über den Zeitraum von sieben bis zwölf Stunden Wärme ab, wenn sie aktiviert wird. Die Handhabung ist denkbar einfach: Das Kissen wird aus der Plastikfolie, in die es eingeschweißt ist, genommen, kräftig geknetet und schon wird es kuschelig warm. Der beste Ort, diese Wärmequelle in der Styroporbox zu platzieren, ist eine der Seitenwände. Mit Tesafilm lässt sich das Heatpack dort prima befestigen und es besteht nicht die Gefahr, dass das Reptil darauf zu liegen kommt.
Beim Verschicken einer Schlange (auch das kommt vor) sorgt zusammengeknülltes Zeitungspapier in der Styroporbox dafür, dass der Sack mit dem Tierchen darin an Ort und Stelle bleibt. Solche Zeitungspapierknöllchen können Sie übrigens auch zur Schlange ins Säckchen geben. Die hält sich daran fest und fühlt sich beim Verschicken wohler.
Noch ein Tipp: Im Falle eines Versands kann die Schlange vom Absender am Tag vor dem Transport für mehrere Stunden in lauwarmen Wasser gebadet werden. Das dient dazu, das Tier ordentlich zu hydrieren und den Darm vor dem Transport zu entleeren. Es ist auch sicher nicht schlecht, wenn der Empfänger das Tier einen Tag nach dem Erhalt nochmals badet.
Die letzte Fütterung sollte etwa zwei Wochen vor dem Transport erfolgen. So ist sicher gestellt, dass das Tier keine Verdauungsarbeit bei suboptimalen Temperaturen leisten muss.

Vergesellschaftung

Immer wieder werden wir gefragt, wie viele Riesenschlangen in einem Terrarium untergebracht werden können, und, ob man Boas und Pythons zusammen in einem Gehege halten kann. Letzteres ist möglich, aber nur unter der Voraussetzung, dass die Schlangen annähernd dieselbe Größe und die gleichen klimatischen Ansprüche haben. Wir wollen jedoch nicht verhehlen, dass wir die gemeinsame Unterbringung von Boas und Pythons in einem Terrarium für einen Stilbruch halten, so als würde man in T-Shirt und Boxershorts heiraten – so viel dazu.
Grundsätzlich ist zu sagen, dass die Vorteile der Einzelhaltung überwiegen, diese aber nicht unbedingt notwendig ist. Während der Fütterung sind Riesenschlangen unbedingt zu trennen. Wer das nicht macht, riskiert üble Verletzungen oder sogar den Tod des Unterlegenen beim Streit um das Futtertier. Glauben Sie bitte nicht, das Problem umgehen zu können, indem Sie beide Schlangen gleichzeitig füttern. Erstens besteht die Möglichkeit, dass ein Tier wesentlich schneller mit dem Verschlingen fertig ist als das andere, zweitens ist das Futtertier des Mitbewohners immer interessanter als das eigene.
Aber auch beim Auftreten von Krankheiten ist Einzelhaltung vorteilhafter. Das ausgewürgte Futtertier oder krankheitsverdächtig aussehender Kot kann so immer zweifelsfrei zugeordnet werden.
Andererseits ergeben sich bei der Gemeinschaftshaltung von Riesenschlangen verschiedenen Geschlechts oftmals unverhoffte Zuchterfolge, weil der günstige Zeitpunkt für eine Paarung nicht verpasst werden kann. Deshalb sollten Sie es tunlichst

Boa c. constrictor aus Peru bestechen durch den wunderschönen Kontrast zwischen dem gelblichen Grundton und der roten Schwanzfärbung.

Die Haltung von drei adulten Riesenschlangen in einem normal großen Terrarium ist unter günstigen Voraussetzungen unproblematisch. Riesenschlangenbabys können auch in größerer Anzahl (bis etwa zehn Stück) in einem Behältnis untergebracht werden.

Besonders vorteilhaft ist es, das Terrarium mit einer herausnehmbaren Trennwand zu versehen. Auch aus diesem Grund ist ein handgebautes Terrarium vom Schreiner wesentlich vorteilhafter als ein vorgefertigtes aus dem Handel. Bei der Haltung von drei Riesenschlangen in einem solchen Gehege kommt das zu fütternde Tier auf die eine Seite, während die beiden Artgenossen gegenüber untergebracht werden.

Bisher haben wir die Regel besprochen, nun kommt die Ausnahme: Riesenschlangen, die sich von anderen Reptilien – insbesondere von Artgenossen – ernähren, müssen Sie selbstverständlich getrennt halten. Vergesellschaftet werden sollten hier nur ungefähr gleich große Tiere während der Paarungszeit. Die Australischen Schwarzkopfpythons (*Aspidites melanocephalus*), junge Madagaskarboas (*Acrantophis dumerili*) oder Gelbe Anakondas (*Eunectes noteus*) sind beispielsweise solche Kandidaten.

Zur Beruhigung: Die am häufigsten hierzulande gehaltenen Riesenschlangen (*Boa constrictor*, Königspythons und Tigerpythons) gehören nicht zu den Kannibalen.

vermeiden, Tiere zu vergesellschaften, die untereinander fruchtbar sind, aber verschiedenen Unterarten angehören. Sonst werden noch mehr Riesenschlangenmischlinge in die Welt gesetzt.

Voraussetzung für die Haltung mehrerer Boas oder Pythons in einem Terrarium ist, dass sich diese gut vertragen. Bei Riesenschlangen erkennt man das daran, dass sie meistens ruhig und friedlich zusammen liegen. Wenn sie einander aus dem Weg kriechen und ständig geringe Mengen Harn abgeben, ist das ein untrügliches Zeichen, dass die Chemie zwischen den Tieren nicht stimmt. In diesem Fall stehen die Schlangen, besonders wenn es sich um ein relativ kleines Terrarium handelt, unter Dauerstress, der zu Krankheit und Tod führen kann.

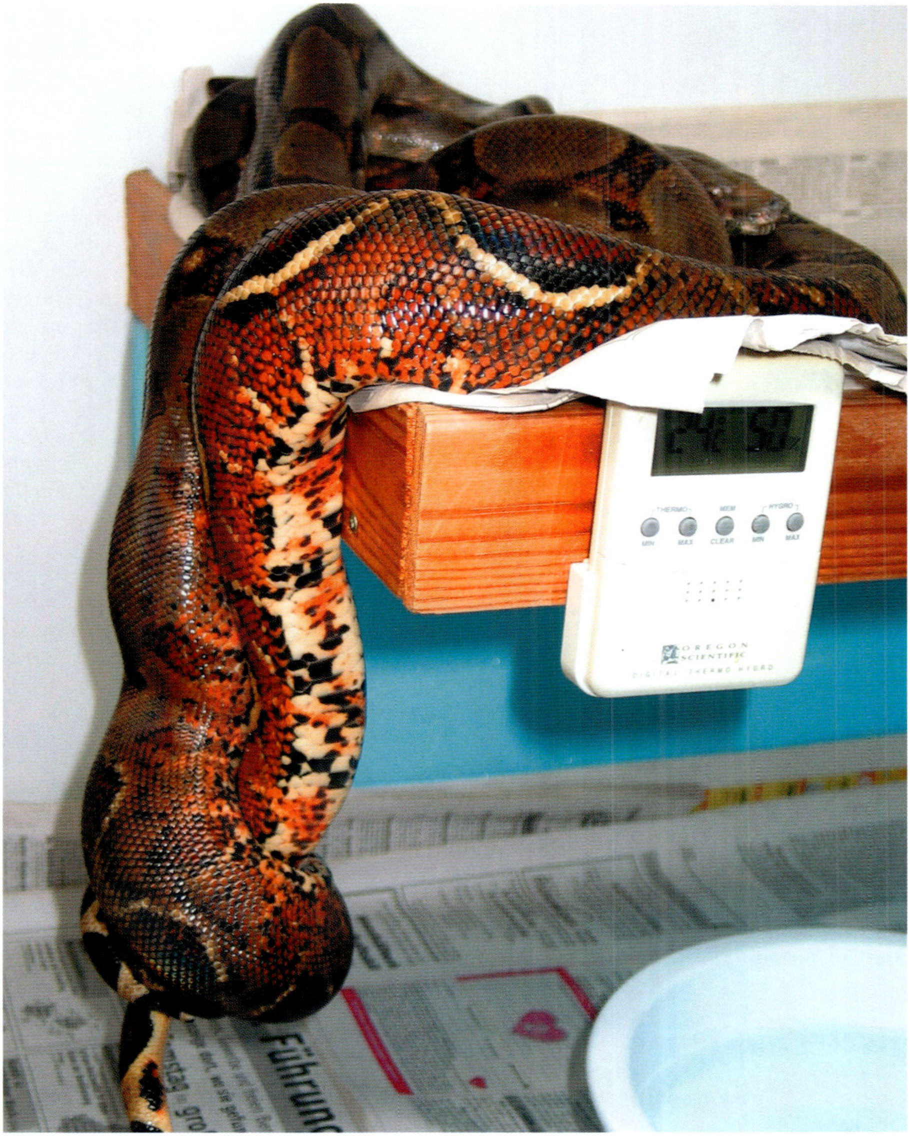

Kopulation von *Boa c. imperator* von der Insel Roátan/Honduras. Diese seltenen Tiere werden in den USA „Firebellys" (Feuerbäuche) genannt. Raten Sie mal, warum ...?

Die Fütterung

Futtertiere

Als Nahrung für Riesenschlangen in der Terrarienhaltung kommen hauptsächlich Mäuse, Hamster, Ratten, Meerschweinchen und Kaninchen zum Einsatz. In der Natur sind Angebot und Nachfrage beim Schlangenfutter natürlich wesentlich vielschichtiger. Baumbewohnende Riesenschlangen fressen in der Wildnis hauptsächlich Vögel und solche, die sich überwiegend im Wasser aufhalten, bevorzugen Fische. In Eingeweiden von Felsenpythons und Anakondas wurden auch schon ganze Wildschweine, Antilopen und sogar Leoparden gefunden. Dass es auch Kannibalen unter den Riesenschlangen gibt, auf deren Speisezettel sogar die lieben Artgenossen stehen, haben wir ja schon erwähnt.

Jeder Terrarianer wird froh sein, wenn seine Boa oder sein Python keine Spezialansprüche stellt und mit dem zufrieden ist, was hierzulande leicht beschafft oder selbst gezüchtet werden kann. Deshalb ist es auch keine gute Idee, einem Königspython, der brav seine Mäuse oder Ratten frisst, zwischendurch mal die Rennmaus vom Nachbarn anzubieten, die dieser los haben wollte, weil die Kinder sie nicht mehr mögen. Die Gefahr, dass sich der Köpy in Zukunft nur noch von solchen Leckerbissen ernährt und alles andere dauerhaft verweigert, ist nicht von der Hand zu weisen.

Wenn es irgendwie machbar ist, sollten Sie Ihre Futtertiere selber züchten. Da wissen Sie, was Sie haben und Sie können Ihre Schlange über die Ernährung des Futtertiers optimal mit Vitaminen und Mineralstoffen versorgen.

Egal wo Sie Ihre Futtertiere beziehen, Sie werden nie so hochwertig ernährte Exemplare bekommen wie jene es sind, die Sie selbst züchten und füttern. Auch haben Sie die Möglichkeit, das Leben der Mäuse, Ratten und dergleichen viel artgerechter und lebenswerter zu gestalten, als dies in den „Zuchtfabriken“ der Großlieferanten der Fall ist.

Abschließend noch ein paar Worte zur Verfütterung von Federvieh. Es gibt Leute, die leichten Zugang zu Küken, Hühnern und Tauben haben und deshalb Geflügel als Futtertiere vorziehen. Dagegen ist nichts einzuwenden, weil viele Riesenschlangen in der Natur auch Vogelfresser sind. Allerdings geben wir zu bedenken, dass die Ausscheidungen breiig und übel riechend ausfallen. Dies ist kein Hinweis auf eine Krankheit, sondern liegt einzig und allein daran, dass Federn verdaut werden.

Allerdings kann das so gefütterte Reptil eine ziemliche Sauerei anrichten, wenn es durch einen solchen Kothaufen kriecht und diesen dann gleichmäßig im Terrarium verteilt – wir wissen, wovon wir sprechen!

Tot oder lebendig?

Diese Formulierung bezieht sich nicht auf einen Steckbrief, sondern auf den Zustand des Nagers bei der Fütterung.

Um es kurz zu machen: Wenn es sich irgendwie einrichten lässt, sollte das Futtertier schon tot sein, wenn es der Schlange angeboten wird. Damit ersparen Sie nicht nur der Ratte (oder welchem Nager auch immer) ein qualvolles, minutenlang dauerndes Sterben, sondern schützen auch die Schlange vor Bisswunden. Sie dürfen uns ruhig glauben, dass eine ausgewachsene

Fast alle reinrassigen *Boa constrictor* haben eines gemeinsam: Ihre endgültige Färbung entwickelt sich erst nach ein paar Jahren. Auf diesem Bild sehen Sie zwei kolumbianische *Boa c. imperator*. Beide sind aus einer pastellfarbenen Blutlinie. Da das kleinere Tier erst wenige Monate alt ist, muss es jedoch diese Färbung erst noch entwickeln.

Ratte, wenn es um Kopf und Kragen geht, ungeahnte Kräfte freisetzt. Bei so einem Fight hat schon so manche Schlange ein Auge verloren oder sich eine tiefe Bisswunde geholt.

Lebendfütterung sollten Sie nur bei Boas oder Pythons praktizieren, die partout kein totes Futter annehmen. Doch das sind nur wenige, denn entgegen landläufiger Meinung zeigt nur ein ganz geringer Teil der Riesenschlangen Abneigung gegen totes Futter.

Allerdings sind neu geborene Riesenschlangenbabys eine Ausnahme. Diese akzeptieren selten totes Futter und sind meist noch auf den Beutereiz, den ein lebender Nager ausübt, angewiesen.

Dieses Problem löst sich jedoch von selbst. Denn nach einigen Monaten, wenn der Stoffwechsel der Kleinen durch ein knappes Dutzend Fütterungen auf Touren gekommen ist, schnappen die Jungschlangen auch gierig nach toten Mäusen von der Pinzette.

Frostfutter

Das erste, was uns beim Thema Frostfutter immer um die Ohren gehauen wird, ist der Vitaminverlust durch das Einfrieren. Dieser ist jedoch stark abhängig von der Zeitspanne, die der Nager in der Gefriertruhe verbracht hat. Als Faustregel kann gelten: Wird ein hochwertig ernährtes Futtertier abgetötet, eingefroren und innerhalb von drei Monaten verfüttert, so bleiben genügend Vitamine erhalten, um die Schlange mehr als ausreichend mit allem Lebenswichtigem zu versorgen.
Dies gilt jedoch nicht, wenn der Nager aus einer Massenzucht stammt, bei der nur das minderwertigste (weil billigste) Futtermittel verwendet wird. Oftmals stehen in solchen „Zuchtstationen" auch noch verstorbene Artgenossen auf dem Speiseplan. Wenn solche Tiere später dann als Frostfutter verwendet werden, ist natürlich eine ausreichende Versorgung der Schlange mit Vitaminen nicht mehr gewährleistet. Allerdings war sie das in so einem Fall vorher auch schon nicht.
Frostfutter hat einige Vorteile: Amöben werden durch das Einfrieren beseitigt. Auch Milben, die sich immer mal gerne im Pelz einer Ratte aufhalten und nachher die Schlange heimsuchen, überleben den Gefriervorgang nicht.
Leider gilt dies nicht für deren Eier oder die von Bandwürmern und ähnlichen Parasiten, die unseren Lieblingen von innen zusetzen. Auch manche Bakterien vermehren sich nach dem Auftauen munter weiter. Daher dürfen Sie niemals ein Futtertier, dessen Verzehr von einer kranken Schlange verweigert wurde, einfrieren und einige Tage später einer anderen anbieten. Dieses Futtertier (und sei es auch noch so schön und wohlgenährt) gehört in den Abfalleimer – das nur nebenbei.
Ein weiterer Vorteil von Frostfutter ist die gute Verfügbarkeit und die angenehme Lagerhaltung. Obwohl wir unser Futter selbst züchten, haben wir immer eine Reserve im Gefrierschrank, weil es bei der Futtertierzucht wie im Fernsehen „Gute Zeiten – Schlechte Zeiten" gibt.
Wer seine Futtertiere selbst züchtet weiß, dass es Perioden gibt, während denen man sich fragt, ob die Ratten- oder Mäuseweibchen heimlich die Pille nehmen. Dann ist ein kleiner Nagervorrat im Gefrierschrank schon Gold wert.
Wer aus irgendwelchen Gründen seine Futtertiere nicht selbst züchten kann oder will, für den besteht die Möglichkeit, geeignetes Frostfutter vom Zoohändler oder von der Firma M+S Reptilien in Villingen-Schwenningen zu beziehen. Bei diesem Anbieter ist immer und ohne lange Wartezeit jede Futtertiersorte und -größe verfügbar. Die angelieferten Tiere machen auch einen sehr guten Eindruck (bis auf den Umstand, dass sie tot sind).
Doch nun zur Fütterung mit Frostfutter: Es versteht sich von selbst, dass der Nager gut aufgetaut sein muss (handwarm), bevor sie ihn der Schlange anbieten. Ein zu kaltes Futtertier kann eine Erkrankung des Verdauungstrakts bei der Riesenschlange hervorrufen. Andererseits darf der Nager nicht schon in den Verwesungsprozess übergegangen sein. Es gibt zwar Leute, die meinen, das würde nichts ausmachen; aber wir haben noch nie gehört, dass Boas oder Pythons den Geiern ihren Job wegnehmen wollen. Also: Wenn das aufgetaute oder tote Futtertier aus irgendwelchen Gründen

Der brasilianische Bundesstaat Amapá liegt im nördlichen Teil Brasiliens an der Grenze zu Surinam. Er hat eine Fläche von mehr als 142 000 km² und besteht zum größten Teil aus Regenwald. Das Landesinnere ist praktisch unbesiedelt. Ideale Bedingungen für die dort lebende Variante der brasilianischen Rotschwanzboa, *Boa c. constrictor*.

mal länger liegen geblieben ist und deshalb schon streng riecht: wegwerfen!

Wie macht man das: Füttern?

Während wir an diesem Buch arbeiteten, kam ein Pärchen aus Nürnberg zu uns, um Nachzuchten von *Boa c. imperator* (Costa Rica-Variante) abzuholen.
Da die Beiden noch Anfänger in der Schlangenhaltung waren, folgte ein längeres Beratungsgespräch. Wir hatten vorher vereinbart, dass diese netten Leute einen Fragenkatalog mitbringen sollten, den wir dann Punkt für Punkt durchgehen würden; so machten wir es auch. Bei der Frage: „Wie geht denn eigentlich das Füttern?“ muss der Verfasser ein ziemlich dummes Gesicht gemacht haben. Denn der neue Schlangenbesitzer ergänzte vorwurfsvoll: „Sie haben in Ihren Büchern alles beschrieben: Wie oft man füttert, welche Größe und dass man die Schlangen vorher trennen muss, aber nicht wie man das macht: Füttern.“ Stimmt eigentlich, deshalb holen wir das jetzt nach.

Lebendfütterung:

Hier gibt es zwei Möglichkeiten. Die eine ist, das Futtertier ins Terrarium zu geben und den Rest der Boa oder dem Python zu überlassen. Diese Art der Fütterung kommt zweifellos dem natürlichen Verhalten der Riesenschlange am nächsten, denn sie muss dem Nagetier auflauern und es erlegen. Daher ist diese Vorgehensweise bei Riesenschlangenbabys während der ersten Lebensmonate sehr zu empfehlen. So bekommt man sie am leichtesten ans Futter.
Die zweite Möglichkeit ist, das Futtertier mit einer Pinzette am Schwanz oder am Nackenfell zu packen und dem Reptil vor die Nase zu halten. Hat die Schlange Hunger, packt sie sofort zu und der Fall ist erledigt.

Tote Futtertiere

Die einfachste Methode ist, den frisch toten oder aufgetauten Nager ins Terrarium zu legen. Da gibt es keinen Stress, weder für das Futtertier noch für die Schlange und auch nicht für den Halter. Wenn das Reptil keinen Hunger hat, fallen auch keine Exkremente vom Futtertier an, die es nachher zu entfernen gilt.
Allerdings fällt der Beutereiz hier nur gering aus. Daher kommt es schon mal vor, dass eine Riesenschlange bei dieser Art von Fütterung kein Interesse zeigt.

In solchen Fällen müssen sie eine Sondervorstellung der Augsburger Puppenkiste geben. Was wir damit meinen? Die Schlange freut sich riesig, wenn ihr die Ratte oder die Maus nicht nach dem Motto „Friss oder stirb" ins Terrarium gelegt, sondern der Eindruck erweckt wird, dass das Tier noch lebt. Wir nehmen den toten Nager mit der Futterzange im Genick am Pelz und lassen ihn wie eine Marionettenfigur durch das Terrarium laufen. Fröhlich hüpfend und schlenkernd nähert er sich immer mehr dem Einwirkungsbereich des Reptils.

Zwischen Surinam und Guyana gibt es keine natürliche Barriere wie zum Beispiel die Anden. Surinam war bis 1975 eine holländische Kolonie und hieß Niederländisch Guyana. Unserer Meinung nach gibt es keinen Unterschied zwischen Surinam-Rotschwanzboas und Guyana-Rotschwanzboas. Es kommt auf die Region in Surinam oder Guyana an, wie die Boas aussehen und nicht auf den Staat, aus dem sie sind. Dieses Tier wurde aus Guyana importiert.

Zwischendurch kommt aber immer wieder ein kleiner Rückzieher oder eine Richtungsänderung. Es ist faszinierend zu sehen, wie die Schlange jede Bewegung genau verfolgt und ihren Körper immer mehr zum entscheidenden Stoß nach der Beute spannt.
Zack – jetzt hat sie ihn!
Es wäre nun eine maßlose Enttäuschung für unser armes Reptil, wenn wir die Sache als erledigt betrachten würden und das Terrariumfenster wieder schließen. Nein, jetzt muss noch eine mannhafte und verzweifelte Gegenwehr her. Wir rütteln und ziehen mit der Futterzange an der Ratte (die spürt es ja nicht mehr), so dass die Schlange alle Kraft aufwenden muss, um in diesem Kampf der Sieger zu bleiben. Schließlich aber erlahmen die Kräfte des armen Opfers und es erschlafft in den Windungen der Riesenschlange. Diese hält es noch eine Weile fest und beginnt dann mit dem eigentlichen Fressvorgang, der durch das Abzüngeln der Beute eingeleitet wird.
Liebe Leser, Sie verstehen was wir meinen? Auf die beschriebene Weise bleiben die natürlichen Motivationen der Schlange erhalten. Gleichzeitig erhält sie ein Fitnessprogramm, da ihre Muskeln für kurze Zeit Höchstleistungen erbringen müssen. Und Sie haben die Möglichkeit, das ursprüngliche Verhalten des Tiers hautnah zu studieren, ohne dass ein Nager einen langsamen und qualvollen Tod erleidet.
Fazit: So ist es am besten. Damit sollten auch jene Leute zufrieden gestellt sein, die meinen, der qualvolle Tod eines lebenden Futtertiers müsse in Kauf genommen werden damit die Schlange in der Terrarienhaltung ihre ursprünglichen Motivationen beibehält.

Häufigkeit der Fütterung

An den Beginn dieses Abschnitts wollen wir einen wichtigen Merksatz stellen:

Lieber häufiger und dafür „kleiner“ füttern!

- Das Futtertier sollte nie größer sein als der Körperumfang der Schlange.
- Hält man sich an diese Regel, sollte der Abstand zwischen zwei Fütterungen bei geschlechtsreifen Männchen nicht länger als drei bis vier, bei ebensolchen Weibchen nicht mehr als zwei bis drei Wochen sein.
- Schlangenbabys und halbwüchsige Tiere sollten alle sieben Tage bis zwei Wochen gefüttert werden.
- Wir geben pro Fütterung immer nur ein Futtertier und haben nur gute Erfahrungen damit gemacht.

In Peru sehen die *Boa c. constrictor* anders aus als in Surinam, Guyana, Brasilien oder Trinidad. Das gelbliche Tier ist auf einer Zuchtfarm in Iquitos zur Welt gekommen, während die auf Seite 71 abgebildete *Boa c. constrictor* von einer Zuchtfarm in Surinam stammt. Wieder ein gutes Beispiel, warum es eine Todsünde ist, Tiere derselben Unterart aus verschiedenen Verbreitungsgebieten zu verpaaren.

Sie sehen, dass der Tierhalter hier einen ziemlich weiten Ermessensspielraum hat, den er im Sinne seiner Einstellung oder seiner Zielrichtung nutzen sollte. Wenn der Wunsch besteht, die Tiere so schnell wie möglich zur Nachzucht zu bringen (ohne deren Gesundheit durch so genanntes „Powerfeeding" zu beeinträchtigen), sollte der Schlangenhalter das Kürzere der vorgeschlagenen Fütterungsintervalle wählen. Geht es ihm darum, alles zu tun, damit sein Haustier möglichst lange lebt, empfiehlt sich das untere Ende der vorher angegebenen Skala. Fest steht auf alle Fälle, dass eine zurückhaltende Fütterung für die Schlange gesünder ist.

Es lässt sich sogar der Leitsatz aufstellen: Je sparsamer gefüttert wird, desto gesünder bleibt das Tier. Dies gilt natürlich auch nur bis zu einem gewissen Punkt. Die Schlange darf keinen Mangel erleiden!

Sollten Sie bisher Ihre Schlange überfüttert oder einen solchen Fettklops erworben haben, brauchen Sie nicht zu verzagen. Die meisten der durch Überernährung verursachten krankhaften Veränderungen (zum Beispiel der Leber) bilden sich bei Einhaltung einer entsprechenden Diät wieder zurück.

Allerdings dauert es eine Weile, bis eine Riesenschlange, deren Stoffwechsel auf lange Hungerperioden eingerichtet ist, wieder einigermaßen schlank aussieht.

Eine Peruanische *Boa c. constrictor* beim Fressen. Die Riesenschlange verschlingt ihre Beute, indem sie abwechselnd die beiden Seiten des Mauls immer weiter darüber schiebt. Bei jeder dieser Bewegungen gerät das Futtertier tiefer in den Schlund der Schlange.

Foto: Sven Kalok

Der richtige Zeitpunkt für die Fütterung

Boas und Pythons sind dämmerungs- und nachtaktive Tiere. Daraus ergibt sich, dass eine Fütterung zu dieser Zeit artgerecht ist und die Tierchen dann auch am besten ans Futter gehen. Tagsüber, bei grellem Licht, fressen wirklich nur die Gierschlunde unter den Riesenschlangen.

Stellen Sie sich mal vor, Sie würden um vier Uhr früh aus dem tiefsten Schlaf geweckt, mit dem Hinweis, dass der Schweinebraten mit Knödel und Kartoffelsalat auf dem Tisch steht. Haben Sie um diese Zeit großen Appetit? Eben!

Falsch ist es auch, in der Häutungsphase Futter anzubieten. Manche der Boas und Pythons fressen zwar, aber durch den Verdauungsvorgang werden Flüssigkeitsmengen gebunden, die dann zwischen den Hautschichten fehlen (wir kommen beim Thema „Häutung" noch darauf) und zu einer schlechten Häutung führen. Auch die ersten zwei, drei Tage nach der Häutung sollten Sie nicht füttern, da viele der Tiere in dieser Zeit einen besonders großen Bewegungsdrang verspüren und diesen im Interesse ihrer Gesundheit auch ausleben sollten. Das können sie nicht, wenn sie zwei Ratten im Magen haben, die verdaut werden wollen.

Die meisten Boas und Pythons deuten es ohnehin an, wenn sie Hunger haben. Wie es ein Freund von uns schon vor Jahren so treffend formuliert hat: „Wenn sie schaut, dann kriegt sie was" – Recht hat er!

Eine Viertelstunde nach Einbruch der Dunkelheit kommt die hungrige Boa aus ihrem Versteck und beobachtet konzentriert ihre Umgebung. Sie tut das mit einer bewundernswerten Geduld und Hingabe. Jedem Schatten, der durch eine Bewegung im Raum auf ihr Terrarium fällt, folgt sie mit einer ruckartigen Bewegung des Kopfs oder stößt schon mal vorsichtshalber in diese Richtung. Wenn Ihre Schlange dieses Verhalten zeigt, so ist mal wieder der richtige Zeitpunkt für eine Fütterung gekommen.

Anfüttern von Riesenschlangenbabys

Die Geburt von Boa- oder Pythonbabys ist immer ein freudiges, manchmal sogar überraschendes Ereignis. Da es zum Thema „Fütterung" passt, wollen wir an dieser Stelle einige Tipps geben, wie Riesenschlangenbabys am besten ans Futter gehen.

Der unbedarfte Leser mag sich nun fragen, wo denn hier das Problem liege. Nun, die Sache ist leider die, dass ein Teil der Boa- und Pythonbabys nicht so ohne weiteres anfängt, selbstständig zu fressen. Es gibt sogar Tierchen, die im Extremfall lieber verhungern würden als irgend etwas zu sich zu nehmen. Glücklicherweise sind solche Extremverweigerer die Ausnahme.

Zunächst einmal müssen Sie eines wissen: Je günstiger die Fressbedingungen sind, desto größer ist die Chance für eine erfolgreiche Anfütterung von Riesenschlangenbabys. Was heißt das?

Das heißt, wenn Sie das Tier am helllichten Tag aus seinem Terrarium nehmen, in einen anderen Behälter sperren und ihm gleich darauf ein aufgetautes Futtertier reinlegen, dann haben Sie ganz schön Schwein gehabt, wenn es frisst! Stress führt meist zu Fressunlust.

Dieses seltene Tier ist die östliche Form von *Boa c. constrictor* in Kolumbien. Es wurde direkt aus dem Verbreitungsgebiet nach Deutschland importiert. Ein Novum, denn bisher werden in Deutschland nur *Boa c. imperator* aus Kolumbien gehalten. So eine kolumbianische Rotschwanzboa stiehlt sicherlich den meisten Artgenossen aus Surinam die Show.

Hier unsere Tipps zur Optimierung der Fressbedingungen:

- Verwenden Sie ein lebendes Futtertier angemessener Größe.
- Nach unserer Erfahrung sind Mäusebabys am beliebtesten.
- Füttern Sie die Babyschlange in ihrem gewohnten Terrarium.
- Füttern Sie nachts bei ausgeschaltetem Licht.
- Verlassen Sie nach dem Einbringen des Futtertiers ins Terrarium den Raum und sehen Sie erst am nächsten Morgen wieder nach.
- Wählen Sie zur Unterbringung einer Babyschlange kein zu großes Terrarium. Je kleiner das Behältnis, desto besser geht das Tier ans Futter.
- Bieten Sie bei Futterverweigerung verschiedene Futtertiere (frischbehaarte Mäuse, Ratten- und Hamsterbabys) an.
- Machen Sie nicht jeden Tag einen Fütterungsversuch, sondern warten Sie nach einem Misserfolg mindestens drei Tage, bevor Sie es erneut probieren.
- Verzichten Sie darauf, ein Riesenschlangenbaby vor der ersten Fütterung zu zähmen. Aggressivere Tiere gehen besser ans Futter.

Die hier abgebildete Rotschwanzboa stammt von einer Zuchtfarm in Surinam.

Die Provinz Tumbes im äußersten Norden von Peru ist die Heimat von *Boa c. longicauda*. Auf diesem Bild sehen Sie eine der verschiedenen schwarz-weißen Varianten der Langschwanzboa, wie sie auch genannt wird.

Futterverweigerung

Wenn eine Riesenschlange nicht fressen will, so kommen eine ganze Reihe von Gründen dafür in Betracht:

- Das Tier hat keinen Hunger.
- Das Futtertier hat nicht die richtige Farbe (auch das haben wir schon gehört).
- Die Schlange kommt in die Häutung oder ist in der Häutung.
- Die Schlange mag nur lebendige Futtertiere.
- Die Schlange mag nur tote Futtertiere.
- Es wird nicht die richtige Größe angeboten.
- Es wird nicht die richtige Art von Futtertier angeboten.
- Es ist die falsche Tageszeit zum Füttern.
- Bei Männchen: Paarungsstimmung.
- Bei Weibchen: Trächtigkeit.
- Bei Königspythons: Futterverweigerung über Monate aus unerfindlichen Gründen (zum Beispiel reine Bosheit).
- Falsche Haltungsbedingungen (Temperatur, Luftfeuchtigkeit).
- Die Schlange ist krank!

Bis auf die letzten beiden Punkte sind die Ursachen der Futterverweigerung harmlos. Meist lässt sich durch die Methode „Versuch und Irrtum" (= so lange herumprobieren, bis es klappt) der Grund für die Nahrungsabstinenz finden und beheben. Unsere Aufstellung eignet sich da prima als Checkliste. Zu den Krankheiten kommen wir später, aber eines im Voraus:

> Wenn die Schlange nicht fressen will, ist ohne Rücksicht auf die möglichen Gründe die erste und wichtigste Maßnahme immer, das Gewicht des Tiers festzustellen und in wöchentlichen Abständen zu überprüfen.

Gesunde Riesenschlangen sind in der Lage, lange Hungerperioden durchzustehen, ohne nennenswert an Körpermasse einzubüßen. Ändert sich das Gewicht nicht wesentlich und zeigt das Tier weiterhin sein gewohntes Verhalten, so können Sie in der Regel davon ausgehen, dass keine ernsthafte Erkrankung vorliegt. In diesem Fall ist einer der vorgenannten Gründe aus unserer „Checkliste" für die Futterverweigerung verantwortlich oder es liegt eine leichte Erkrankung vor, die zur Futterverweigerung führt, aber nicht zum Gewichtsverlust. In diesem Fall sollten Sie dem Immunsystem des Tiers die Chance geben, selbst mit dem Zustand fertigzuwerden.

Im Falle eines massiven Gewichtsverlusts (das können bei einem 1800 g schweren Tier schon 150 g innerhalb einer Woche sein, wenn es zwischenzeitlich keine Ausscheidungen gab) sollten Sie jetzt das Kapitel „Krankheiten" lesen.

Bild 1, links:
So sieht die typische Lauerhaltung einer hungrigen Riesenschlange aus.

Bild 2, rechts:
Um die Boa nicht zu enttäuschen, bieten wir ihr eine „handwarme" Futterratte an.

Bild 3, links:
Die Riesenschlange hat zugepackt und wickelt sich mit aller Kraft um das Futtertier, um es zu erwürgen.

Bild 4, rechts:
Durch Ziehen und Zerren am Futtertier gaukeln wir der Boa vor, dass die Ratte noch lebt und heftig um ihr Leben kämpft.

Die Häutung

Mittlerweile hat sich (auch bei Tierärzten) herumgesprochen, dass eine Riesenschlange nicht im Sterben liegt, wenn ihre Augen milchigtrüb werden und die Farben verblassen. Vielmehr ist die Häutungsphase der Grund für diese Veränderung.
Im Gegensatz zu den Säugetieren, deren Haut sich permanent erneuert und laufend in kleinen Partikeln abgestoßen wird, erfolgt dieser Vorgang bei Riesenschlangen periodisch. Die alte Haut wird auf einmal und im Ganzen entfernt.

Wie oft häutet sich eine Riesenschlange?

Diese Frage kann nicht pauschal beantwortet werden, da hier mehrere Faktoren eine Rolle spielen. Der wichtigste davon ist die Wachstumsgeschwindigkeit der Schlange. Diese wiederum hängt hauptsächlich von der Fütterung ab. Auf den Punkt gebracht heißt das, je intensiver Sie füttern, desto schneller wird Ihre Boa oder der Python wieder in die Häutung kommen. Der nächste Faktor ist die Haltungstemperatur. Je niedriger diese ist, umso langsamer läuft der Stoffwechsel des Reptils ab. Das wirkt sich auch auf die Häufigkeit der Häutungen aus. Auch das Alter des Tiers spielt eine Rolle. Je jünger die Schlange, desto kürzer ist in der Regel der Zeitabstand zwischen zwei Häutungen. Durch das hohe Wachstumspotenzial der Schlangenbabys können sich diese bei intensiver Fütterung (die man in so einer Weise nicht praktizieren sollte!) bis zu neunmal im Jahr häuten.
Bei adulten Riesenschlangen sind etwa vier bis fünf Häutungen im Jahr normal.

Bei artgerechten Haltungsbedingungen streift die Riesenschlange ihre Haut in einem Stück ab, so wie es auf diesem Foto zu sehen ist. Eine gute Häutung ist keine Glanzleistung, mit der sich der Schlangenhalter schmücken kann, sondern eine Selbstverständlichkeit. Alles andere fällt unter schlechte Haltung.

Ablauf der Häutung

Wenn durch das Wachstum der Schlange oder andere Umstände wie Hautverletzungen oder -krankheiten ein neues Schuppenkleid notwendig wird, bildet sich (stark vereinfacht dargestellt) unter der alten Haut eine neue.
Zwischen den beiden Hautschichten entsteht ein Flüssigkeitsfilm, der es dem Tier später erleichtert, die alte Haut abzustreifen. Dieser Wassereinlagerung ist es zu verdanken, dass die Augen des Reptils milchigtrüb werden und die Farben des Schuppenkleids verblassen.

Auch das Verhalten der Schlange ändert sich. Sie ist in dieser Phase inaktiv, man sieht sie nicht mehr herumkriechen und auch die Nahrungsaufnahme wird meistens (jedoch nicht immer) eingestellt.
Viele Schlangen neigen auch zu erhöhter Aggressivität, wenn sie gestört werden. Das mag auch an der eingeschränkten Wahrnehmungsfähigkeit durch die Verminderung des Sehvermögens liegen.
Wenn sich die neue Hautschicht so weit entwickelt hat, dass sie ihre Funktion erfüllen kann, bildet sich der Flüssigkeitsfilm bis auf einen kleinen Rest zurück. Die Augen der Schlange werden wieder klar und die

In der Häutungsphase bildet sich zwischen der alten und der neuen Hautschicht ein Flüssigkeitsfilm, der es der Schlange ermöglicht, die alte Haut leichter abzustreifen. Ein untrügliches Zeichen für die Häutung sind die milchigtrüben Augen, wie sie hier bei diesem Hundskopfschlinger zu sehen sind.

Farben leuchtender. Dies ist der Moment, bei dem Neulinge in der Riesenschlangenhaltung davon ausgehen, dass die Häutung bereits vollzogen wurde und das Reptil die alte Haut anschließend gefressen hat, weil sie im Terrarium nicht aufzufinden war. In Wahrheit erfolgt die Häutung erst ein bis drei Tage später. Die Haut wird auch nicht gefressen.
Das Reptil spürt genau, wann der richtige Zeitpunkt gekommen ist, sie abzustreifen. Es reibt und drückt dann mit seiner Nase an rauen Gegenständen im Terrarium, bis sich das alte Schuppenkleid an der Vorderseite des Mauls, von den Lippen beginnend, anfängt zu lösen. Mit geschicktem Reiben an geeigneten Objekten streift das Tier seine alte Haut ab, so dass sie schließlich zusammengerollt wie ein nagelneues Präservativ (man möge uns diesen treffenden Vergleich verzeihen) im Gehege liegt. Augenschilder und Kloakenöffnung sind noch einwandfrei an der alten Haut zu erkennen.
Dies sollte der Normalfall sein und wir können Schlangenhalter nicht verstehen, die damit prahlen, dass sich ihr Tier so schön gehäutet hat. Liebe Boa- und Pythonhalter: Das muss selbstverständlich sein, alles andere nennt man Haltungsfehler! Zu denen kommen wir jetzt:

Mit ihren roten Schwänzen sind die Kolumbianischen *Boa constrictor* eine interessante Alternative für jene, die gerne eine so genannte Rotschwanzboa halten würden, aber sich die etwas empfindlichen *Boa c. constrictor* nicht zutrauen. Die Tiere aus Kolumbien vereinen die Robustheit von *Boa c. imperator* mit der Farbenpracht der Rotschwanzboas.

Gründe für Häutungsprobleme

Wie Sie vorher gelesen haben, bildet sich in der Häutungsphase ein Flüssigkeitsfilm zwischen der alten und der neuen Haut. Ein „Verkleben" der beiden Schichten wird somit verhindert, wenn ..., ja, wenn dieser Flüssigkeitsfilm in ausreichendem Maße vorhanden ist.
Bei zu geringer Luftfeuchtigkeit im Terrarium über einen längeren Zeitraum ist der Wasserhaushalt der Riesenschlange gestört. Das wirkt sich dann auch auf den besagten Wasserfilm aus und führt dazu, dass sich die Schlange schlecht häutet. Dasselbe gilt für eine Fütterung während der Häutungsphase. Hier werden im Rahmen des Verdauungsprozesses Flüssigkeitsmengen im Magen des Reptils gebunden, die dann zwischen den Hautschichten fehlen.
Quelle allerlei Ungemachs bei der Häutung sind auch am Boden befestigte Heizkabel und -matten (wir sind im Kapitel Terrarienausstattung ja schon darauf eingegangen). Die Luftfeuchtigkeit im Terrarium mag mehr als ausreichend sein; wenn die Schlange auf der Heizmatte liegt, wird sie dennoch austrocknen!
Auch ein starker Milbenbefall der Schlange kann Ursache für eine schlechte Häutung sein. Deshalb sollten Sie Ihren Schützling diesbezüglich regelmäßig überprüfen. Doch darauf kommen wir noch ausführlich zu sprechen.
Gelegentlich kommt es auch vor, dass sich eine Schlange aus völlig unerfindlichen Gründen nicht häutet, obwohl alle Haltungsbedingungen in Ordnung zu sein scheinen. Das Reptil durchläuft sämtliche Stadien der Häutung, ohne diese mit dem Abstreifen des alten Schuppenkleids abzuschließen. Es unternimmt nicht einmal den Versuch, sich zu häuten. Wenn dies vom Besitzer schließlich bemerkt wird, sind die alte und die neue Hautschicht meist schon so miteinander verklebt, dass sich kein Fussel mehr lösen lässt. Einigen langjährigen Schlangenhaltern, die einen großen Bestand ihr Eigen nennen, ist dieses Phänomen geläufig. Gleichwohl kennt niemand die Gründe hierfür. Glücklicherweise durchlaufen diese „Verweigerer" meist nach kurzer Zeit einen neuen Häutungszyklus, der dann normal von statten geht.
Nehmen Sie eine schlechte Häutung keinesfalls auf die leichte Schulter. Die verbleibenden Hautreste können das darunter liegende Gewebe schädigen, indem sie bakteriellen Infektionen oder für einen Hautpilz günstige Voraussetzungen schaffen. Auch Durchblutungsstörungen können sich einstellen, die bei Häutungsresten im Schwanzbereich im schlimms-

Epicrates c. cenchria, die Rote Regenbogenboa, besticht durch ihre leuchtende Farbe. Im Gegensatz zu ihrer Verwandten *Epicrates c. maurus*, die mit zunehmendem Alter bei verblassender Zeichnung immer dunkler wird, behält die Rote Regenbogenboa ihre hübsche Färbung und Zeichnung.

ten Fall zum Absterben der Schwanzspitze führen. Dies kommt übrigens gar nicht so selten vor. Zudem ist eine schlechte Häutung ein Anzeichen für zu trockene Haltung, die im Laufe der Zeit zum Tod des Tiers führen kann.
Noch ein Hinweis: Nach jeder Häutung sollte die Boa oder der Python in Augenschein genommen werden, um festzustellen, ob sich noch irgendwo Häutungsreste finden. Kritische Punkte sind vor allem das Maul, die Kloake und die Schwanzspitze.

Maßnahmen bei schlechter Häutung

Als erstes ist es natürlich notwendig, die Haltungsfehler, die zu den Problemen geführt haben, abzustellen. Das heißt: raus mit der Bodenheizung und rauf mit der Luftfeuchtigkeit. Wichtig ist es auch, die verbliebenen Hautreste zu entfernen. Zu diesem Zweck ist ein ausgedehntes Bad für die Schlange unumgänglich. Hierzu füllen Sie eine Petbox oder – je nach Größe der Schlange – eine Plastikbox aus dem Baumarkt zu drei Viertel mit lauwarmem Wasser und verschließen das Behältnis mit einem Deckel, damit das Tier nicht entweichen kann. Um ein rasches Abkühlen des Wassers zu verhindern, kommt das Ding ins Terrarium. Es ist wichtig, zumindest am Anfang das Verhalten der Schlange zu beobachten. Es ist nämlich schon vorgekommen, dass Riesenschlangen durch das Eingesperrt sein in Panik geraten und ertrunken sind, obwohl genügend Raum und Luft zum Atmen vorhanden war.
Es spricht nichts dagegen, die Schlange 24 Stunden und länger einzuweichen, denn viele Boas oder Pythons liegen auch sonst schon mal mehrere Tage im Wasser. Nach dem Zwangsbad müssen Sie versuchen, die aufgeweichten Häutungsreste durch Zupfen mit den Fingernägeln zu entfernen. Auch eine Pinzette kann hier ein wertvolles Hilfsmittel sein. Beachten Sie, dass auch die Aftersporne und Teile der Hemipenis bei den Männchen gehäutet werden. Das heißt, alle Hautreste in der Kloake und im umliegenden Bereich müssen ebenfalls entfernt werden.
Ein besonders heikler Bereich sind die Augenschilder. Hier besteht die Gefahr, beim Entfernen der Hautreste auch die neuen Schilder zu verletzen und damit das Auge irreparabel zu schädigen. Oftmals lässt sich auch nicht beurteilen, ob das Augenschild mitgehäutet wurde oder nicht. Wertvolle Hinweise liefern hier die Hautreste. Es ist aber immer besser, in Zweifelsfällen die nächste Häutung abzuwarten als in diesem sensiblen Bereich auf gut Glück herumzuzupfen. So manche Schlange hat schon ein Auge verloren, weil der Besitzer per Pinzette zusammen mit dem alten Augenschild das neue gleich mit entfernte. Im schlimmsten Fall ist die Schlange nun ganz blind, weil sie das andere Auge bereits durch Lebendfütterung (Rattenbiss) verloren hat. Sie lachen? – Alles schon da gewesen!
Wer unbedingt gleich etwas unternehmen möchte, sollte zum Tierarzt gehen oder versuchen, mit einem Tesafilm das alte Augenschild zu entfernen. Doch die beste Lösung bei Häutungsproblemen am Auge ist wirklich, die nächste Häutungsphase abzuwarten und das Tier beim Eintreten derselben täglich zu baden. Es macht den Augen nichts, wenn sie einmal nicht mitgehäutet werden. Problematisch wird es nur, wenn dies mehrmals hintereinander der Fall ist.

Australien ist die Heimat von *Aspidites ramsayi.* Dieser Python wird auch Woma genannt und ist neben dem Schwarzkopfpython der zweite Vertreter der *Aspidites*-Gruppe.

Gesundheitsprobleme

Lassen Sie sich von diesem Kapitel nicht ins Boxhorn jagen: Bei einer artgerechten Haltung jener „Riesenschlangensorten“, die wir als robust beschrieben haben (zum Beispiel *Boa c. imperator*) kommen ernsthafte Erkrankungen kaum vor. Jedoch sollte ein Buch über Haltung und Pflege von Boas und Pythons auch Informationen über Gesundheitsprobleme anbieten, selbst wenn diese relativ selten sind.
Im Gegensatz zu der bisher verfügbaren Literatur wollen wir versuchen, diese Thematik von der praktischen Seite her aufzubereiten und so darzustellen, dass auch jemandem geholfen ist, der nicht Veterinärmedizin studiert hat.

Alle Informationen in diesem Kapitel **verstehen sich als Erfahrungsbericht, nicht als Therapievorschlag**. Denn natürlich obliegt die Untersuchung einer kranken Boa oder eines kranken Pythons dem Tierarzt. Dieser ist es auch, der die notwendigen Medikamente verordnet und jene Behandlungsmaßnahmen durchführt, welche die Kompetenz des Schlangenhalters übersteigen.
Ein weiterer Punkt, der uns auch wichtig erscheint, ist die Fähigkeit des Besitzers einer Riesenschlange, eine Erkrankung seines Tiers frühzeitig wahrzunehmen. Die Heilungsaussichten sind nämlich nicht mehr optimal, wenn der Boa- oder Pythonhalter erst merkt, dass seine Schlange nicht mehr fit ist, wenn sie mit dem Bauch nach oben im Terrarium liegt.

Wie erkenne ich, dass meine Schlange krank ist?

Eine der wichtigsten Fähigkeiten im Zusammenhang mit der Haltung von Riesenschlangen ist, frühzeitig zu erkennen, wenn mit dem Tier etwas nicht stimmt. Wer (so wie es sein sollte) sein Reptil aufmerksam beobachtet, wird mit dessen Verhalten und seinen Gewohnheiten bald gut vertraut sein.

Der interessierte Besitzer weiß, um welche Uhrzeit seine Schlange gewöhnlich unterwegs ist und wann sie sich normalerweise ausruht. Er kennt ihre bevorzugten Liegeplätze, die Stellen wo sie sich aufwärmt oder Kühlung sucht. Er weiß über den Appetit seines Tiers Bescheid, auf welche Weise es seine Beute fängt, wie lange es zum Fressen braucht und so weiter und so fort ...

Eine Erkrankung der Boa oder des Pythons geht fast immer mit einer Verhaltensänderung des Reptils einher. Wenn der Besitzer des Tiers seinen Schützling immer aufmerksam beobachtet hat, wird ihm jede Abweichung vom normalen Verhalten sofort auffallen. So kann frühzeitig geholfen und meistens Schlimmeres verhindert werden. Sehen wir uns nun diese Punkte einmal etwas genauer an:

Aktivität

Eine Riesenschlange, die tagelang rund um die Uhr im Terrarium herumkurvt, ist in ihrem Verhalten genauso unnormal wie eine, die sich nie blicken lässt. Ausnahme für den ersten Fall können Männchen in der Paarungszeit sein.

Ausnahme für den zweiten Fall sind Wildfänge und Schlangen, die sich in der Häutungsphase befinden. Bei verschreckten Wildfängen dauert es oft sehr lange, bis sie den Mut finden, sich außerhalb ihres Unterschlupfs zu zeigen. Boas oder Pythons in der Häutungsphase sind inaktiv und verlassen ihr Versteck während dieser Zeit meist nicht. Nach dem Ablegen der alten Haut muss die Schlange jedoch bald wieder normale Aktivitäten zeigen.

Aufsuchen von Wärmepunkten

Es ist völlig in Ordnung, wenn Ihr Tier für einige Stunden einen warmen Platz im Terrarium aufsucht, um seine Körpertemperatur zu erhöhen. Hält es sich jedoch ausschließlich an der wärmsten Stelle auf und geht nur ins Versteck zurück, wenn die Wärmequelle (zum Beispiel in der Nacht) ausgeschaltet wird, so ist etwas faul. Auch hier gibt es eine Ausnahme: Trächtige Weibchen. Diese suchen oft für längere Zeit Wärmepunkte im Terrarium auf.

Nahrungsverweigerung und Auswürgen

Das sind jene Punkte, bei denen die Meisten merken, dass mit ihrem Reptil etwas

Ein böser Mensch meinte einmal, *Aspidites melanocephalus* höre sich an wie eine ansteckende Krankheit. Er wusste natürlich genau, dass dies der lateinische Name des australischen Schwarzkopfpythons ist. Diese Tiere sind sehr lebhaft und benötigen daher ein großes Terrarium. Da sie so gut wie nie klettern, ist die Grundfläche wichtiger als die Höhe.

Corallus h. hortulanus, die Gartenboa, ist im nördlichen Südamerika beheimatet und wird circa 180 cm lang. Sie ist, was die Färbung betrifft, eine der variabelsten Formen überhaupt. Im Bild die orange-gelbe Variante.

nicht stimmt. Längerfristige Futterverweigerung schreckt selbst den trägsten Schlangenhalter auf. Hierbei ist aber zu beachten, dass trächtige Weibchen und Männchen in Paarungsstimmung oftmals das Fressen einstellen, ohne dass ihnen etwas fehlt. Auch die lieben Königspythons sind dafür berüch... bekannt wollten wir sagen, dass sie ohne erkennbaren Grund einfach mal ein halbes Jahr nichts fressen. Man sollte aber auch wissen, dass es eine feinere Maßeinheit gibt, als die totale Futterverweigerung.

Eine Riesenschlange, die bisher immer einen dreifachen Salto gemacht hat, wenn man ihr das Futtertier auch nur in die Nähe hielt, ist verdächtig, wenn sie auf einmal nur noch widerwillig frisst (tote Ratte über Nacht usw.). Eine gesunde, gut fressende Schlange wird schon kurz nach der Nahrungsaufnahme nachts wieder aus ihrer Deckung hervorlugen, um zu sehen, ob nicht wieder etwas Fressbares vorbeikommt. Wenn das bisher immer der Fall war und nun plötzlich nicht mehr, sollten Sie sich Gedanken machen. Wir setzen natürlich voraus, dass das Tier nicht in der Häutung oder trächtig ist.

Bei einer Reihe von Erkrankungen würgt die Schlange das verspeiste Futtertier halb- oder unverdaut wieder aus. Diesen Vorgang nennt man regurgitieren. Das Auswürgen erfolgt meistens drei Tage nach der Fütterung. Es kann aber schon am nächsten Tag geschehen oder erst nach einer guten Woche. Unnormal ist es auf jeden Fall, obwohl es auch harmlose Ursachen dafür gibt. Zwei mögliche Ursachen sind – wie bereits erwähnt – die Verabreichung eines zu großen Futtertiers oder die Handhabung einer nervösen Schlange während des Verdauungsvorgangs. Meistens steckt jedoch eine Krankheit dahinter.

Ruhelage

Wir wissen inzwischen alle, dass eine gesunde Riesenschlange in der Ruhephase immer schön zusammengerollt liegt (meistens in einem Unterschlupf). Baumbewohner wie Hundskopfschlinger und Baumpythons sind – wenn es ihnen gut geht – fein säuberlich um ihren Lieblingsast drapiert. Wenn das nicht der Fall ist, also das Tier „komisch drin liegt“, kann das ein Zeichen für eine Krankheit sein. Auch hier sind trächtige Weibchen wieder als Ausnahme zu nennen. Die liegen oft ausgestreckt im Terrarium, den Bauch zur Seite geneigt und machen schon mal den Eindruck als müsste man den Pfarrer zur letzten Ölung holen. Mit einer nicht trächtigen Schlange, die sich so benimmt, sollten Sie schleunigst einen Tierarzt aufsuchen.

Ausscheidungen

Nicht nur bei den Menschen, sondern auch bei Boas und Pythons sind Ausscheidungen, die in Farbe und Konsistenz von der Norm abweichen, ein Hinweis darauf, dass möglicherweise gesundheitliche Störungen vorliegen. Der Schlangenkot muss geformt und braun sein. Außerdem sollte er nicht schlimmer riechen als menschliche Ausscheidungen dieser Art.
Breiiger, übel riechender Kot von grauer oder heller Farbe deutet auf massive Probleme im Magen-Darmtrakt hin. Die Möglichkeiten der Ursachen sind hier mannigfaltig und reichen von einer bakteriellen Infektion bis zur Amöbiasis. Auch hier gibt es eine Ausnahme: Wurde Geflügel verfüttert, dann muss damit gerechnet werden, dass der Kot ungeformt ist und bestialisch stinkt.
Auch tägliches Abgeben von kleineren Mengen Urin ist verdächtig, wenn das Tier einzeln gehalten wird. Dies gilt nicht für *Acrantophis dumerili*. Diese Madagaskarboas sind dafür bekannt, fast jeden Tag Harn abzugeben.
Auch bei schon länger problemlos vergesellschafteten Tieren ist es verdächtig, wenn plötzlich jeden Tag ins Terrarium gepinkelt wird. Hier kann eine bakterielle Infektion der Harnwege die Ursache sein.
Eine harmlose Erklärung für ein solches Verhalten ist die Paarungszeit, während der ebenfalls von allen Beteiligten viel rumgesaut wird (wir meinen jetzt das Abgeben von Harn) und die Vergesellschaftung von zwei oder mehreren Tieren, die sich nicht vertragen. Dann findet der Pfleger ebenfalls täglich solche „Abneigungspinkelspuren" im Terrarium vor.

Schleim im Maul und Bläschen aus den Nasenöffnungen

Man braucht kein Studium in Veterinärmedizin, um zu wissen, dass ein zum Atmen halbgeöffnetes, verschleimtes Mau kein normaler Zustand ist. Sollte das Tier noch dazu den Kopf oder das erste Körperdrittel permanent aufgestellt haben, so können Sie davon ausgehen, dass sich die Atemwegserkrankung schon in einem sehr fortgeschrittenen Stadium befindet.
Feuchte Nasenöffnungen mit Luftbläschen beim Atmen lassen dagegen auf eine beginnende, bisher noch milde Infektion der Atemwege schließen. Aber nicht immer ist bei einer Atemwegsinfektion Schleim im Maul oder eine feuchte Nase festzustellen. Manchmal spielt sich das Ganze (unwissenschaftlich gesagt) weiter unten ab. In diesem Fall werden Sie rasselnde oder röchelnde Atemgeräusche vernehmen, aber sonst nichts feststellen.

Erste Maßnahmen im Verdachtsfall

Egal welche Krankheit Ihre Schlange hat oder haben könnte, die als erstes zu treffenden Maßnahmen sind immer dieselben. Sie dienen dazu, sich darüber klar zu werden, ob wirklich etwas nicht stimmt, und wenn ja, was es sein könnte.

1. Körpergewicht feststellen

Gleich am Anfang etwas ganz wichtiges: Wenn Ihnen irgendetwas am Verhalten ihrer Schlange nicht gefällt und Sie meinen, da könnte eine

Dieses besonders schöne Exemplar des australischen Pythons *Morelia boeleni* durften wir bei Reinhold MAUGG & Anna ROSSBAUER fotografieren.

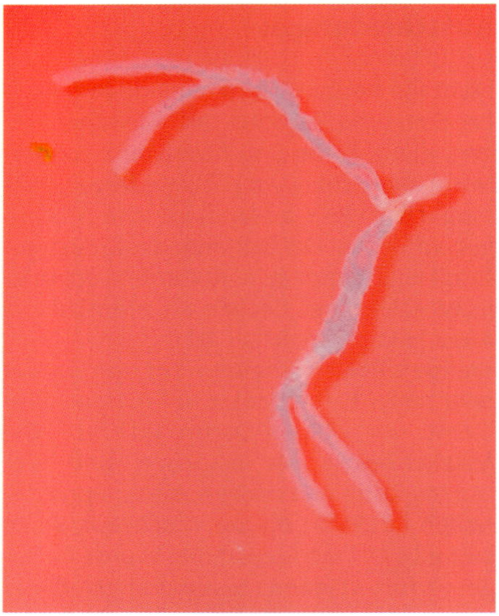

Sollten Sie im Wasserbehälter so etwas entdecken, so brauchen Sie nicht besorgt zu sein. Es ist Schlangensperma. Während der Paarungszeit kann dies schon mal vorkommen.

Krankheit dahinter stecken, dann müssen Sie das Tier sofort wiegen und das Gewicht wöchentlich nachkontrollieren.

Schon beim Erwerb, noch bevor Sie Ihre neue Schlange ins Terrarium setzen, sollten Sie das Reptil wiegen und sich dieses „Eingangsgewicht" notieren. Es schadet auch nichts, alle zwei, drei Monate (oder auch öfter) das Gewicht zu kontrollieren.
Sie sehen Ihre Schlange jeden Tag. Es wird Ihnen nicht so schnell auffallen, wenn sie abmagert. Dabei lassen sich aus dem Gewicht viele Rückschlüsse ziehen. Als Faustregel kann gelten, dass jene Krankheiten besonders ernstzunehmen sind, bei denen das Tier rasch an Gewicht verliert. Auch ein Befall mit Nematoden oder anderen inneren Parasiten geht meistens mit einem Gewichtsverlust einher.

2. Schlange genau beobachten

Dies gilt natürlich nur, wenn Sie sich noch nicht so recht im Klaren darüber sind, ob der Boa oder dem Python tatsächlich etwas fehlt. Manchmal neigt man einfach dazu, ein bestimmtes Verhalten überzubewerten oder man sitzt einem Zufall auf.
Ein Beispiel: Wir bekamen vor einigen Jahren einmal einen ziemlichen Schreck, als eine Boa, die wir gerade aus dem Terrarium geholt hatten, plötzlich das Maul öffnete und sich ein ganzer Schwall Flüssigkeit daraus ergoss.
Was war geschehen? Ganz einfach: Das Tier hatte vorher getrunken und das Wasser noch nicht vollständig in den Magen befördert. Da sich die Boa nicht mehr in der Nähe des Wasserbehälters aufgehalten hatte, sondern im Unterschlupf, dauerte es eine Weile, bis uns die Erleuchtung zuteil wurde. Und bis es so weit war, sahen wir

uns schon auf der Beerdigung des armen Reptils. Die nächsten Tage beobachteten wir das weitere Verhalten dieses Tiers sehr genau. Alles war völlig normal und irgendwann kamen wir dann darauf, dass es offenbar unmittelbar vorher getrunken hatte.
Wir haben seither zwei besorgte Anrufe von Leuten bekommen, denen dasselbe passiert ist. Das nur nebenbei, vielleicht hilft die Veröffentlichung dieser Begebenheit auch dem einen oder anderen Leser weiter.

3. Kotprobe und Abstrich

Meist werden Krankheiten von Boas und Pythons in der Terrarienhaltung von pathogenen Bakterien verursacht. Wenn Sie zu dem Schluss kommen, dass Ihr Tier womöglich krank ist, dann sind Sie immer auf der sicheren Seite, wenn Sie eine Probe zur Untersuchung an ein entsprechendes Institut schicken.

Folgende Einrichtung können wir Ihnen empfehlen:

GeVo Diagnostik
Jakobstr. 65
70794 Filderstadt

Kommen wir zunächst zur Kotprobe. Frisch abgesetzter Kot der Riesenschlange eignet sich hervorragend zur Feststellung von krankheitserregenden Bakterien des Magen- und Darmtrakts sowie von Parasiten, die diese Region besiedeln. Schon eine kleine Menge genügt. Sie müssen also nicht den vollständig verdauten Zwerghasen mitschicken.
Spezielle Transportbehälter können Sie in der Apotheke kaufen, eine leere Filmdose tut es aber auch.
Nun zum **Abstrich**: Leider geben kranke Tiere oftmals keinen Kot mehr ab, weil sie schon lange nichts mehr gefressen haben. Oder es bleibt keine Zeit mehr, auf den nächsten Kot zu warten, weil es der Zustand des Tiers nicht erlaubt.
In diesen Fällen wird mit einem Abstrichtupfer (sieht aus wie ein überdimensionales Wattestäbchen und ist in Apotheken erhältlich) eine Probe aus dem Maul oder der Kloake des Tiers entnommen.
Entscheidend ist natürlich, wo der Krankheitsherd vermutet wird. Bei einer ordentlichen Erkältung macht eine Probe aus dem Maul mehr Sinn als ein Abstrich aus der Kloake. Da es aber in vielen Fällen beim Ausbruch einer bakteriellen Infektion „hinten und vorne fehlt", ist es nie verkehrt, aus Maul UND Kloake eine Probe zu nehmen.
Aber wie geht das? Nun, beim Maul ist es kein Problem. Sie halten das Tier einfach mit einer Hand am Übergang vom Kopf zum Hals fest, und zwar so, dass die Boa oder der Python den Kopf nicht wegdrehen kann. Mit der anderen Hand schieben Sie den Abstrichtupfer durch die „Züngelöffnung" ins Maul. Der Nachteil dieser Methode ist, dass Sie nicht genau sehen, wo Sie mit dem Tupfer hinkommen und dass sich die Watte in den Zähnen verhaken kann.
Wenn Sie jemanden haben, der Ihnen hilft, kann der Schlange auch vorher das Maul geöffnet werden. Dann kommen Sie mit dem Abstrichtupfer besser ran.
Das Aufsperren des Mauls geschieht am besten mit einem Holzspatel. Diese gibt es für ein paar Cent in der Apotheke. Während Sie das Tier mit einer Hand unmittelbar

Bis vor kurzem waren Angola-Pythons in privater Haltung so selten, dass die Preise für ein Baby im fünfstelligen Eurobereich lagen. Mittlerweile werden sie etwas häufiger nachgezogen und dürften damit in einigen Jahren auch für den durchschnittlichen Python-Liebhaber erschwinglich werden.

hinter dem Kopf festhalten, schieben sie den Holzspatel mit sanftem Druck von vorn zwischen Ober- und Unterkiefer ins Maul. Ist der Spatel erst mal drin, haben sie schon gewonnen. Durch ein leichtes Drehen des Spatels wird dem Tier dann das Maul aufgespreizt. Bitte gehen Sie dabei sehr gefühlvoll vor. Wenn Sie dann noch eine dritte Hand hätten, könnten Sie nun mit dem Abstrichtupfer eine Probe aus Maul und Rachen nehmen. Da dies aber nicht der Fall ist, sind zwei Leute vonnöten.

Ähnlich ist es beim Kloakenabstrich. Riesenschlangen mögen es nicht sehr, wenn ihnen etwas hinten rein geschoben wird. Sei es eine Metallsonde zur Geschlechtsbestimmung oder ein Abstrichtupfer. Deshalb ist es immer gut, wenn eine zweite Person dabei ist, die den Python oder die Boa hinter dem Kopf festhält, damit Beißereien unterbleiben. Sie nehmen dann mit einer Hand den Schwanz der Riesenschlange links und rechts entlang der Kloake und drehen ihn so, dass die Unterseite waagerecht nach oben zeigt.

Während Sie den Kloakenbereich gut fixieren (die Längsseite des Daumens auf der einen Seite, die Kuppen der restlichen vier Finger auf der anderen Seite), setzen Sie den Abstrichtupfer unmittelbar am Kloakenausgang an. Danach drücken Sie mit dem Tupfer nach unten gegen die Schuppen und schieben ihn gleichzeitig nach vorne in die Kloakenöffnung. Das gefällt dem Tier mit Sicherheit nicht sonderlich, deshalb müssen Sie mit Gegenwehr rechnen.

Bei einer gesunden Riesenschlange schillern die Schuppen bei entsprechender Beleuchtung in allen Regenbogenfarben, wie diese *Boa c. imperator* aus Costa Rica, die sich gerade eine Ratte schmecken lässt, demonstriert.

Foto: Paolo Di Tullio

Ziehen Sie die Maßnahme mit sanfter Gewalt durch!
Es genügt, wenn der Abstrichtupfer einige Zentimeter in die Kloake eingeführt wird. Danach kommt er in den Transportbehälter und wird eingeschickt.

Die häufigsten Erkrankungen

Natürlich können auch Boas und Pythons eine Vielzahl unterschiedlicher Krankheiten bekommen. Wir wollen jetzt diejenigen ansprechen, die bei der Terrarienhaltung am häufigsten vertreten sind. Im Zweifelsfall hilft Spezialliteratur weiter.

Das Regurgitationssyndrom

Unter diesem Begriff versteht man das Auswürgen eines Futtertiers in halbverdautem Zustand (regurgitieren), ohne dass eine Infektionskrankheit, ein Parasitenbefall oder ähnliches vorliegt.
Das Regurgitationssyndrom tritt hauptsächlich bei der Aufzucht von Riesenschlangenbabys (insbesondere Boa c. constrictor) und bei frisch importierten Wildfängen auf. Es führt bei dem betroffenen Tier zu einem bedeutenden Verlust von Flüssigkeit und Elektrolyten.

Die Entwicklung der Jungtiere von *Boa c. longicauda* ist interessant. Bei diesem knapp einjährigen Männchen der gelben Variante ist von den schwarzen Sattelflecken und Kopfmarkierungen noch nichts zu sehen. Diese Färbung wird sich erst in den nächsten beiden Lebensjahren entwickeln.

Meist erfolgt das Auswürgen zwischen dem dritten und fünften Tag nach der Fütterung.

Das Regurgitationssyndrom ist eine der häufigsten Todesursachen bei der Aufzucht von Riesenschlangenbabys und wird in den meisten Fällen vom Schlangenhalter durch falsche Fütterung ausgelöst.

Mögliche Gründe:

- Noch unzureichend entwickelte Verdauung bei den Schlangenbabys
- Zu große Futtertiere oder zu häufige Fütterung (der Hauptgrund!)
- Unzureichende Temperatur oder Luftfeuchtigkeit im Terrarium

- Nervosität und Stress wegen der Handhabung oder dominante Exemplare im selben Terrarium
- Exsikkose (Austrocknung), insbesondere bei frisch importierten Wildfängen oder Tieren aus schlechter Haltung

Maßnahmen:

- Haltungsbedingungen (Temperatur, Luftfeuchtigkeit) überprüfen
- Vom Tag des Auswürgens an mindestens eine Futterpause von zwei Wochen einhalten (unbedingt notwendig!)
- Anschließend ein sehr (!) kleines Futtertier anbieten (für Schlangenbabys eine nackte Maus) und wieder 10 bis 14 Tage bis zur nächsten Fütterung abwarten
- Handhabung auf das allernotwendigste beschränken, eventuell die Schiebegläser des Terrariums verhängen
- Tier einzeln setzen

Beachten Sie:

Wenn es bereits zu mehreren Regurgitationen gekommen ist, können die Tiere exsikkotisch (ausgetrocknet) sein. In diesem Fall sind subkutane Injektionen mit einer sterilen Kochsalzlösung (bis zu 4 % der Körpermasse täglich oder jeden zweiten Tag) notwendig. Dies so lange, bis der Wasserhaushalt wieder in Ordnung ist. Mehrmalige Abgabe von Urin im Abstand von einigen Tagen ist ein Anhaltspunkt hierfür.

Boa c. constrictor aus Trinidad sind rar in der Terrarienhaltung. Es gibt nur etwas mehr als ein Dutzend Exemplare in Europa. Obwohl sie nicht ganz so farbenprächtig sind wie die Tiere aus Surinam, bestechen die Trinidad-Boas durch ihre schöne Zeichnung.

Bakterielle Infektionen des Magen-Darmtrakts und der Atemwege

Der in der Regel geringe Luftaustausch und das feuchtwarme Klima im Terrarium schaffen ideale Voraussetzungen für das optimale Wachstum krankheitserregender Bakterien. So werden Riesenschlangen in privater Haltung mit pathogenen Keimen konfrontiert, denen sie in der freien Natur nicht oder nur in wesentlich geringerer Menge ausgesetzt wären.
Kommt dazu noch eine Schwäche des Immunsystems der Schlange, so können sich die Bakterien im Körper des Reptils in einem Maße vermehren, das zur Erkrankung des Tiers führt.
Hauptsächlich betroffen sind der Verdauungstrakt und die Atemwege. Die häufigsten Krankheitserreger sind *Pseudomonas*- und *Bacillus proteus*-Keime.
Bei Infektionen des Magen-Darmtrakts kann es zur Futterverweigerung, zum Auswürgen des Futtertiers oder zu Durchfällen kommen, um nur die häufigsten Symptome zu beschreiben. Es liegt in der Natur der Krankheit, dass meist auch ein deutlicher Flüssigkeitsverlust erfolgt, der ausgeglichen werden muss.

Wenn sich eine Riesenschlange im Wasser aufhält, sollte der Besitzer überprüfen, ob nicht ein Milbenbefall des Tiers der Grund ist. Bei der Regenbogenboa sind Milben besonders gefährlich, weil *Epicrates cenchria* sehr empfindlich auf die gängigsten Milbenbekämpfungsmittel reagieren.

Bakterielle Infektionen der Atemwege äußern sich in einem verschleimten Maul, Austritt von Flüssigkeit aus den Nasenöffnungen (auch Bläschenbildung beim Atmen) und röchelnden Atemgeräuschen. Im weiteren Verlauf der Krankheit stellen die Tiere das vordere Körperdrittel auf, um besser Luft zu bekommen, oder sperren das Maul halb auf. Auch hier lässt sich ein Flüssigkeitsverlust beobachten.

Maßnahmen:

Kotprobe oder Abstrich einschicken und Antibiogramm mit Resistenztest veranlassen. Danach Behandlung mit dem als wirksam ausgewiesenen Antibiotikum. Zusätzlich subkutane Injektionen mit Ringer- oder Kochsalzlösung.

Parasitenbefall

Hier wird zwischen Ekto- und Endoparasiten unterschieden. Einfach ausgedrückt lassen sich die ersteren auf der Schlange nieder, während die anderen dem Wirtstier von innen zusetzen. Fangen wir gleich mit den bekanntesten Ektoparasiten an, nämlich den:

Milben

„Wer keine Milben hat, hat auch keine Schlangen", sagte einmal ein erfahrener Terrarianer. Wir müssen dem guten Mann (leider) Recht geben. Es kommt immer wieder vor, dass unsere Terrarientiere von diesen Plagegeistern befallen werden.

Wie erkenne ich Milben?

Ähnlich wie Zecken erreichen die Milben erst im vollgefressenen Zustand eine Größe (circa 1 mm), bei der man sie (einigermaßen) gut erkennen kann. Vorher sind sie so winzig, dass kaum Aussicht besteht, sie zu entdecken, ehe sie das ganze Terrarium bevölkern.

Deshalb lautet die bittere Erkenntnis: Bei der ersten Wahrnehmung von Milben im Terrarium ist schon alles komplett verseucht. In den meisten Fällen kommt der Schaden ans Licht, weil die Schlange (verärgert von der Untätigkeit ihres Halters) zur Selbsthilfe greift und durch Dauerbaden die ungebetenen Gäste zu ersäufen versucht. Die durch üppige Mahlzeiten fett (und damit gut sichtbar) gewordenen Milben schwimmen dann als kleine schwarze oder dunkelrote Punkte am Boden des Wassergefäßes. Das war schon die ganze Personenbeschreibung, mehr sieht man nämlich mit bloßem Auge nicht.

An dieser Stelle gleich der erste Tipp: Verwenden Sie keine schwarzen oder dunklen Wassergefäße als Trink- und Badebecken für die Schlange. Aufgrund des fehlenden Kontrasts haben Sie sonst größte Schwierigkeiten, die Milben zu entdecken. In weißen oder hellen Becken sind die ertrunkenen Plagegeister jedoch gut sichtbar. Als Besitzer zahlloser schwarzer Wasserbehälter wissen wir, wovon wir reden ...

Werden Milben schon mit bloßem Auge auf dem Körper der Schlange entdeckt, so ist der Verseuchungsgrad meist schon dramatisch. Da ist es wie bei den Ratten: Auf eine, die Sie sehen, kommen hundert, die sich im Verborgenen aufhalten. Solche Plätze sind insbesondere die Innenseite des Unterschlupfs der Riesenschlange oder die Ecken des Terrariums.

Bei hochgradig befallenen Riesenschlangen lässt sich oft eine Veränderung der Schuppen um die Augen feststellen, da der Bereich zwischen den Augenschilden und

Der Hog Island-Boa-Boom in den frühen 90er Jahren führte zu einer exzessiven Ausfuhr dieser Tiere. Dadurch sowie durch die Zerstörung des natürlichen Habitats und die übliche Tötung von Schlangen durch Einheimische wurde die Anzahl der Boas auf Cayo de los Cochinos bis zu einem Grad dezimiert, an dem die existierende Population kaum mehr eine Chance auf einen längerfristigen Fortbestand hat. Hinzu kommt noch, dass die Anzahl der in menschlicher Obhut geborenen Exemplare seit Jahren rückläufig ist.

den Kopfschuppen besonders gerne von Milben bevölkert wird. Wenn Sie an einer Boa oder einem Python seltsam „verkleinerte" Augen feststellen, ist also immer an einen massiven Milbenbefall zu denken.

Milbenbekämpfung

Eine wirksame Behandlung muss

- die Milben auf der Schlange unschädlich machen,
- die Milben im Terrarium beseitigen,
- die Milbeneier außer Gefecht setzen

... und das alles, ohne dem Reptil zu schaden.

Wir sind der Meinung, dass die Anwendung von Insektenstrips mit dem Wirkstoff Dichlorvos die effektivste und einfachste Methode der Milbenbekämpfung darstellt. Daher wollen wir auf andere Möglichkeiten und Mittel hier nicht weiter eingehen.
Eines der wenigen noch auf dem Markt befindlichen Produkte mit diesem Wirkstoff ist der Blattanex® Fliegenstrip 40 von der Firma Bayer. Blattanex® ist allerdings nicht für die Bekämpfung von Milben bei Riesenschlangen vorgesehen oder getestet und wird vom Hersteller auch nicht für diesen Zweck empfohlen. Daher erfolgt die Anwendung auf eigenes Risiko! (Dasselbe gilt übrigens für fast alle auf dem Markt befindlichen Mittel, die gegen Schlangenmilben eingesetzt werden)
Dichlorvos tötet nur die Milben, nicht deren Eier. Aus diesem Grund muss die Wirkstoffplatte über einen ganzen Reproduktionszyklus (etwa 7 Tage) im Terrarium belassen werden.
Die Insektenstrips sind in eine Folie geschweißt und von einem Kunststoffschutzgitter umgeben, das sich aber problemlos öffnen lässt. Mit einer Schere ist es ein leichtes, ein für die Größe des Terrariums angemessenes Stück aus der Wirkstoffplatte zu schneiden. Dieses kommt dann in ein Stück Damenstrumpf oder in ein Tee-Ei, um den direkten Kontakt des Reptils mit der Substanz durch Bezüngeln zu verhindern.

Es ist nicht schwer zu erraten, warum in den USA die *Boa c. amarali* aus der Gegend um Sao Paolo in Brasilien „Silverbacks" (Silberrücken) genannt werden.

Die Luftfeuchtigkeit im Terrarium sollte während der Anwendung möglichst niedrig sein (unter 50 %), da feuchte Luft das Dichlorvos sehr schnell abbaut und damit unwirksam macht. Deshalb muss auch das Wirkstoffplättchen jeden zweiten Tag ausgewechselt werden. Vor Beginn der Anwendung sollten Sie den Bodengrund aus dem Terrarium entfernen. Hinterher, wenn alle Milben abgetötet sind (einschließlich die frisch geschlüpften), sollte das Behältnis gründlich gesäubert und gelüftet werden, bevor Sie wieder einen frischen Bodengrund einbringen.

Ein Blattanex® Insektenstrip ist für 20 bis 40 m³ Luft ausgelegt. Um korrekt zu dosieren müssen Sie also den Rauminhalt des Terrariums berechnen (Länge x Breite x Höhe) und dann ein entsprechendes Stück von der Platte herunterschneiden.
Noch ein Warnhinweis: Skorpione und Vogelspinnen verenden ebenso wie Milben, wenn sie Dichlorvos ausgesetzt werden.

Nematoden

Jetzt sind wir bei den Endoparasiten. Nematoden befallen den Magen-Darmtrakt und ernähren sich von Blut und Darm-

Der in Florida ansässige Züchter Dennis Sargent hatte das Glück an ein Pärchen Wildfänge der so genannten „Firebellys" (*Boa c. imperator* von der Insel Roátan/Honduras) heranzukommen und diese zu züchten. Aus beruflichen Gründen musste Sargent die Schlangenzucht aufgeben. Seither wurden diese herrlichen Tiere, von denen es in der Terrarienhaltung weltweit nur ein gutes Dutzend (in Europa 3 Exemplare) gibt, nicht mehr gezüchtet.

schleimhautgewebe des Wirts. An den befallenen Stellen nisten sich pathogene Keime ein, die Entzündungen und Infektionen verursachen sowie den Zustand der Schlange noch verschlechtern. Alarmsignal für den Besitzer des Reptils sollte sein, wenn sein Tier regelmäßig frisst, aber nicht zu- sondern eher abnimmt. Hier stellt sich erneut dar, wie wichtig es ist, seine Boa oder den Python regelmäßig zu wiegen und über das Gewicht Buch zu führen. Wer seine Schlange jeden Tag sieht, wird erst viel zu spät bemerken, dass sie immer dürrer wird. Regelmäßiges Wiegen verschafft hier Klarheit.

Die Eier der Nematoden können im Kot nachgewiesen werden. Um einen Befall mit diesen Parasiten zu diagnostizieren oder auszuschließen, müssen Sie also nur eine Kotprobe an ein entsprechendes Labor schicken. In den meisten Fällen genügt die Verabreichung des Wirkstoffs Fenbendazol (Handelsname: Panacur, Fa. Hoechst) in einer Dosierung von 30 bis 50 mg/kg Körpergewicht der Schlange an drei aufeinander folgenden Tagen, um dem Treiben der Parasiten ein Ende zu setzen.

Die Wirkstofftabletten werden in einer Einmalspritze mit lauwarmem Wasser aufgelöst und dann über eine Schlauchsonde verabreicht. Mit Hilfe einer Rasierklinge lassen sich die Tabletten wunderbar halbieren, vierteln und achteln, wenn es die Dosierung erfordert. Bleibt noch zu sagen, dass Panacur, sehr gut verträglich ist.

Cestoden

Bandwürmer können zu einer chronischen Enteritis (Darmentzündung) führen. Wie beim Nematodenbefall nehmen die Tiere kaum zu, auch wenn sie regelmäßig fressen (falls sie das noch tun). Allerdings ist der Gewichtsverlust hier nicht so signifikant wie bei einem Befall mit Nematoden.

Auch Bandwürmer werden über eine Kotprobe diagnostiziert. Mit dem Wirkstoff Praziquantel (Handelsname Droncit, Hersteller Bayer) können Sie den Cestoden den Garaus machen. Die empfohlene Dosierung beträgt 25 bis 40 mg/kg Körpergewicht der Schlange als einmalige Gabe.
Droncit gibt es als Tabletten. Die Verabreichung erfolgt ebenfalls über eine Magensonde in der vorher beschriebenen Weise.
Anders als bei dem relativ harmlosen Panacur, gibt es hier jedoch Hinweise auf Todesfälle nach einer Behandlung mit Praziquantel (SCHALLER 1984). Unsere Tiere haben das Mittel bisher immer problemlos vertragen. Auch von anderen Züchtern haben wir noch nichts Negatives gehört. Wir vermuten, dass es sich bei den verstorbenen Tieren um Wildfänge gehandelt hat, die ohnehin schon gesundheitlich angeschlagen waren.

Bioserin

Durch den Umstand, dass aufgrund der BSE-Problematik das proteinhaltige Aufbaupräparat Boviserin vom Markt genommen wurde, entstand eine therapeutische Lücke in der Behandlung kranker Riesenschlangen, die inzwischen durch ein gleichwertiges Mittel, nämlich „Bioserin", von der Wirtschaftsgenossenschaft deutscher Tierärzte (WDT), wieder geschlossen wurde. Bei Bioserin werden die Proteine aus dem Serum von Pferden statt von Rindern gewonnen. Es ist seit Oktober 2001 auf dem Markt und in Apotheken oder beim Tierarzt erhältlich.
Bioserin ist bei bestimmungsgemäßer Anwendung gut verträglich, kann vom Schlangenhalter selbst verabreicht werden und hat einen breiten therapeutischen Nutzen. Hier nun also unsere Erfahrungen mit der Anwendung von Bioserin bei Riesenschlangen und die Anwendungsgebiete, bei denen wir es eingesetzt haben:

1. **Bakterielle Infektionen des Magen-Darmtrakts;** Dosierung: 0,5 bis 1 ml Bioserin pro 100 g Schlange, höchstens jedoch 15 ml jeden 2. Tag über den Zeitraum von 14 Tagen per Schlauchsonde;

2. **Verdauungsprobleme bei Jungschlangen, bedingt durch Insuffizienz des Verdauungsapparats (Regurgitationssyndrom);** Dosierung: 0,5 bis 1 ml Bioserin pro 100 g Schlange, höchstens jedoch 15 ml jeden 2. Tag über den Zeitraum von 14 Tagen per Schlauchsonde;

3. **Appetitmangel und Kachexie (Auszehrung und Kräfteverfall);** Dosierung: 0,5 bis 1 ml Bioserin pro 100 g Schlange, höchstens jedoch 15 ml jeden 2. Tag über den Zeitraum von 14 Tagen per Schlauchsonde;

4. **Steigerung der Widerstandsfähigkeit gegen Infekte;** hier wird bei jeder zweiten oder dritten Fütterung einer Dosis gemäß Punkt 1 in ein totes Futtertier injiziert.

5. **Besserung des Allgemeinzustands** (Dosis und Verabreichung wie unter Punkt 4).

6. **Steigerung der Gewichtszunahme** (hier wird bei jeder Fütterung eine Dosis gemäß Punkt 1 in ein totes Futtertier injiziert).

Danksagungen:

Abschließend möchten wir uns noch bei einigen Freunden und Bekannten bedanken, die uns mit Fotomaterial und Sachkunde bei der Erstellung dieses Buchs geholfen haben.

Es sind dies (in alphabetischer Reihenfolge):

Maik Aschemann, Sarstedt

GeVo Diagnostik (**Volker Schad + Gerhard Kern**), Filderstadt

Paolo Di Tullio, Mailand, Italien

Dieter Dort, Eching

Thomas Eimermacher, New Orleans, USA

Greg Grindstaff, North Carolina, USA

Sven Kalok, Neißeaue

Sharon Leitner, Stuttgart

Jim Peters, Winter Park, USA

Anna Rossbauer & Reinhold Maugg, Vilsbiburg

Literaturverzeichnis

Die folgende Literatur wollen wir nicht nur als Quellenangabe verstanden wissen, sondern auch als Empfehlung für Leser, die ein weiterführendes Interesse an der Thematik haben.

BAUCHOT [Hrsg.] 1998.
Schlangen. Weltbild-Verlag, Augsburg

DE VOSJOLI, KLINGENBERG & RONNE 1998.
The *Boa constrictor* Manual.
Advanced Vivarium Systems, Santee (USA)

DE VOSJOLI 1990. The General Care and Maintenance of Redtailed Boas.
Advanced Vivarium Systems, Lakeside (USA)

HACKBARTH 1985. Krankheiten der Reptilien.
Frankh-Kosmos-Verlag, Stuttgart

ROSS & MARZEC 1994.
Riesenschlangen Zucht und Pflege.
bede-Verlag, Ruhmannsfelden

STOOPS & WRIGHT 1994.
Boas und Pythons – Pflege und Zucht.
bede-Verlag, Ruhmannsfelden

TRUTNAU 1988. Schlangen 1.
Ulmer-Verlag, Stuttgart

WENGLER 1994. Riesenschlangen.
Heselhaus & Schmidt-Verlag, Münster

Ihr Hobby Terraristik

... die besonderen Bücher für den ambitionierten Terrarianer. Jeder der 96seitigen Titel ist mit 80 bis 120 Abbildungen reich bebildert und wird dank des exklusiven, hochglänzenden FotoFinish zum wahren Augenschmaus.

ISBN 3-89860-084-X
bede-Nr. HO 424

€ 12,80
A-€ 13,20 · sFr 23,50

ISBN 3-89860-100-5
bede-Nr. HO 425

€ 12,80
A-€ 13,20 · sFr 23,50

ISBN 3-933646-39-1
bede-Nr. HO 397

€ 12,80
A-€ 13,20 · sFr 23,50

ISBN 3-933646-34-0
bede-Nr. HO 412

€ 12,80
A-€ 13,20 · sFr 23,50

ISBN 3-933646-40-5
bede-Nr. HO 398

€ 12,80
A-€ 13,20 · sFr 23,50

ISBN 3-933646-20-0
bede-Nr. HO 399

€ 12,80
A-€ 13,20 · sFr 23,50

ISBN 3-933646-18-9
bede-Nr. HO 401

€ 12,80
A-€ 13,20 · sFr 23,50

ISBN 3-933646-16-2
bede-Nr. HO 402

€ 12,80
A-€ 13,20 · sFr 23,50

ISBN 3-933646-15-4
bede-Nr. HO 403

€ 12,80
A-€ 13,20 · sFr 23,50

ISBN 3-89860-011-4
bede-Nr. HO 417

€ 12,80
A-€ 13,20 · sFr 23,50